バカでも英語がペラペラ！超★勉強法

タロサック 著
TAROSAC

「偏差値38」からの
英会話上達メソッド

ダイヤモンド社

英会話初心者のための
TAROSAC's 10 tips for English

心得 1 ミスしてOK！完璧じゃなくていい
It's completely okay to make mistakes.

完璧じゃなくていい。「行動して失敗する」。これこそが英語の会話力に磨きをかける最短の方法だ。むしろ、ミスができる環境を自分に与えることこそが成長の秘訣。間違いを犯してこそ、英会話上達のステップを駆け上がることができる。

心得 2 インプット3割：アウトプット7割
Power of 70% output with 30% input.

最も効率的に英会話を上達させるなら、「インプット3割：アウトプット7割」。最速で英語を話せるようになりたいなら、インプットの倍以上のアウトプットを心がけよう。仕入れたフレーズは、どんどん使っていくことで自分のものになっていく。

心得 3 恥ずかしがらない（失敗を恐れない）
Do not be shy and do not be afraid of making mistakes.

相手に「伝わる」ことが英会話の正解。恥ずかしがって黙っていては、なにも伝わらない。発音や文法を気にするより、まずは勇気を出して話すことが先だ。どれだけ単語を暗記しても、話さなければ英会話は上達しない。

心得 4 ネイティブをマネする
Speak like native speakers.

「わざとらしい」と思って照れなくてもいい。それがネイティブスピーカーにとっては当たり前なのだから。ネイティブになりきって、聞きとった音やフレーズを"完コピ"してみよう。照れて、カタカナ発音に変換しないこと。

心得 5 間違えてバカにされろ！
Make a mistake and let them fix it.

実際に使って間違えたら、英会話上達のプラス「1点ゲット！」と思えばいい。バカにされても「自分の成長に役立った」と思って、いちいち気にしない。むしろ、間違えて、悔しい思いをするからこそ、改善するきっかけになり、そして忘れない。

［TAROSAC式］10の心得

タロサック

Conversation Beginners.

心得 6 ゲーム感覚でチャレンジ
Keep challenging as if you were playing a game.

ゲームならミスしてゲームオーバーになっても、「次はここで気をつけよう」「もう1回やろう」と思うはず。英会話上達のコツも同じで、何度もチャレンジし続けること。いい訳をしてチャレンジしなかったら、そこで本当にゲームオーバーだ。

心得 7 あきらめないで改善する
Don't give up and improve.

自転車に1度のチャレンジで乗れるようになった人はいないはず。英会話もあきらめずに続けていれば、ちょっとずつ着実に上達する。最初からペラペラ話せなくても、次に同じようなシチュエーションになったら「どういうか」を考えよう。

心得 8 小さな成功体験を積み重ねる
Experience small successes.

「1週間前には聞きとれなかったフレーズが理解できた」「"R"がうまく発音できた」など、どんなに小さな進歩でも、自分で自分を認めよう。小さな成功体験を積み重ねることで、どんどん自信がつく"プラスのスパイラル"に。

心得 9 反復練習する
Practice repeatedly.

ボクが好きなサッカーなら、いくらボールの蹴り方を学んでも、くり返し練習しなければ、いいシュートは打てない。英単語やフレーズ、そして発音も、反復して練習したぶんだけ、脳に刻み込まれ、自然と口をついて出てくるようになる。

心得 10 とにかく大きな声を出す
Speak loud with confidence.

どんなに発音がよくても、単語や文法が正しくても、相手に聞こえなければ伝わらない。英会話は、とにかく場数を踏んで慣れること。根拠のない自信でもいい。失敗を恐れずハキハキと話せば、少しの間違いなんか気にされないはずだ。

CONTENTS

PART 2
読み書きができなくても大丈夫
まずは"話す力"
Speak first before reading and writing.

CONTENTS

PART 3

"英会話が苦手な人"が ハマりがちな"英語のワナ"トップ5

Top 5 traps that people who are not confident in English conversation tend to get stuck in.

PART 4 英語偏差値38からの "すごい英語勉強法"
TAROSAC's greatest English learning method.

CONTENTS

PART 5 英会話上達は「インプット３割：アウトプット７割」
The golden ratio of learning English efficiently is "30% input/70% output."

EPILOGUE
誰でも"可能性無限大"
Possibilities are endless for anyone.

PROLOGUE

「偏差値38」からの ネイティブ英語勉強法

How to be an English speaker from scratch.

偏差値38……どん底からのスタート

Starting from the bottom.

Hello, everyone! How you guys going? This is TAROSAC!

　ボクのYouTubeチャンネル「タロサックの海外生活ダイアリーTAROSAC」は毎回、このお決まりのフレーズでスタートします。2020年5月にスタートしたチャンネルですが、おかげさまで2022年12月現在、**登録者数が67万人を突破**しています。

　いまでこそ、さまざまな国籍の人たちに英語でインタビューする動画を配信し、「海外育ち？」「帰国子女？」「ネイティブみたい！」なんて、ありがたいコメントをいただくこともありますが、高3の頃は「be動詞」さえわからず、**英語の偏差値は38だったのです。**

　そもそも、ボクは海外育ちでも帰国子女でもありません。むしろ、まったくの逆。新潟県の「ド」がつくような田舎町の出身ですし、18歳までは海外旅行の経験さえなく、地元では外国人を見かけることも、ほとんどありませんでした。

　そんなボクが、**なぜここまで英語がペラペラになれたのか？**　これから、ボクの英語勉強法を余すところなく、お伝えしていきます！

結局、中学レベルの英単語と英文法で大丈夫

Junior High School level English vocabulary and grammar will do.

　海外ドラマや映画などで、ネイティブスピーカーが英語を話しているのを聞くと、**「しゃべるスピードが早すぎて聞きとれない」「発音がよすぎて、よくわからない」**なんて感じる人が多いはず。

　それでも、「とりあえず、ボキャブラリーが増えれば、なんとかなるかも」と、英単語の暗記に挑戦して、途中で挫折してしまった人も多いでしょう。

　でも実際のところ、**ネイティブ同士の会話でも、日常会話は日本の中学レベルの英単語**でほぼ成り立っています。

　英語のネイティブスピーカーが、会話で頻繁に使用する単語は一説には1000語だといわれています。**1000語あれば、日常会話の85％を網羅できる**そうです。そして、**2000語あれば、会話の90％、新聞記事や小説の80〜90％をカバー**できるともいわれています。

　一方、日本の文部科学省が定める学習指導要領では、中学で学ぶべき単語数は1200語とされてきました。

　「されてきました」というのも、2021年に改訂され、1600〜1800語に増えたのです。しかし、そのうちの700語は、「milk（ミルク）」「girlfriend（ガールフレンド）」など、多くの人が日頃から"カタカナ英語"として使っている単語だといわれます。

　いずれにしても、**日常会話の9割近くは、中学レベルの英単語を知っていれば問題ない**です。

　また文法に関しても、中学英語レベルを身につけておけば、ボクの経験上問題なく、複雑な構文などは日常会話では必要ありません。

11

　実際、ボクがYouTubeチャンネルで外国人たちにインタビューするときも、むずかしい英単語や英文法はほとんど使いません。

　現在、ボクが住んでいるのはオーストラリア・シドニーですが、ヨーロッパや南北アメリカなど、世界中のさまざまな国からきた人が暮らしています。

　そのため、非ネイティブ同士で英会話をすることが日常的な環境です。それなのに辞書で調べないとわからないようなむずかしい単語を使ったら、お互いにストレスになるのです。

　できるだけ、わかりやすい単語、カンタンな文法で話す。それが、英会話のコツの1つ。ふり返ってみれば、それは日本語での会話でも同じではないでしょうか？

英会話もやっぱり"コミュ力"が大切
English conversation is all about "communication skills".

　ボクたち日本人の多くは、中学・高校と6年間は英語を勉強しています。これだけ長い期間、英語を勉強しても、実際に話せる人が少ないのはなぜでしょうか？

　これはよくいわれることですが、最大の原因の1つは、学校教育は入学試験に合格するためのものであり、英語を使ってコミュニケーションをとるような実用的なカリキュラムではないからでしょう。

　ボクが得意なサッカーに例えると、パスやシュートの基礎練習はするものの、**ミニゲームなどの実戦練習をまったくしていないようなもの**かもしれません。

　また、日本語でも英語でも、単語や文法の知識はあっても"コミュ力"（コミュニケーション力）がないと、なかなか会話ははずみませんよね？

　英語を使って異なる文化を持つ人たちとコミュニケーションをとるには、日本人と会話をするとき以上に、相手を理解しようとする姿勢が大切になります。

　海外旅行をしたことがある人なら、日本と異なる習慣や考え方に驚いたことはありませんか？　ボクは大学時代に海外をバックパック旅行したときも、オーストラリアに住みはじめてからも、驚くことがとても多かったです（大学に入学するまでも紆余曲折があるので、のちほど紹介します）。

　この本では英会話力と同時に英語を使った"コミュ力"も高められるような、ボクの経験から得た方法について詳しく説明していきます。

　最近では「音声翻訳アプリ」の精度が高まりつつあり、将来的にはアプリを通してのコミュニケーションがさらに増えるでしょう。

　しかし、**アプリを使わなくても通じるように英会話力を高めることは、ボク自身にとってそうだったように、人生の選択肢を大きく広げてくれます。**

　旅行をするときの言語の壁を乗り越えるだけでなく、キャリアアップできるだけでもなく、住む場所、つき合う人なども含めた、人生全般の選択肢が広がるのです。

　ボクは、1人でも多くの人が、自分の持つ可能性を「英語が話せるようになる」ことを通じて、最大限に活かしてほしいと心から願っています。

英会話ができれば、誰でも "可能性無限大"
If you can speak English, your possibilities are endless!

　それでは、早速はじめましょう！

Road to
TAROSAC
"バカ★ペラ"English

**No matter how old you are, you can learn it!
Road to TAROSAC "BAKA★PERA" English.**

英会話は
料理のようなもの
English conversation is
just like cooking.

STEP 1

中学レベルの英単語・英文法は
英会話の基礎

Junior High School level
English vocabulary and grammar are
the foundation of English conversation.

最低限の材料（素材）がないと
料理はつくれない

STEP 2

覚えた英単語・英文法の例文を
実際に使ってみる

Try to use the example sentences of English
vocabulary and grammar you have learned.

レシピにしたがって
実際に料理をつくってみる

STEP 3

覚えた例文を使う回数を
どんどん増やす

Use the example sentences repeatedly.

一度つくって美味しかった料理に
磨きをかける

ボクの英語の偏差値は
38以下だった……
My English deviation was below 38.

「長年、英語を勉強してきたのに、ぜんぜん話せない（Despite of my efforts over years of studying English, I can't speak English at all.)」
「英語のテストではいい点とれたのに、英会話はぜんぜんダメ（Though I could get a good score on paper exams, I can't use English in conversations.)」

　そんなふうに悩む人は少なくありません。

　でも、大丈夫です！　たとえいま、どのような状態でも、何歳であっても、ボクのようなネイティブ並みの英会話力を手に入れることは可能です。

　なぜボクが、そこまで自信を持っていい切れるのか？　それは、過去のボクより英語ができない人は、世の中にはそうはいないはずだからです。

　ボクは、どれほど英語ができなかったのかというと……。

　大学受験に失敗し、必死で英語を勉強しはじめるまで、ボクは中学1年生の最初に習う「be動詞」でさえ、理解できていませんでした。

　英語に限らず、学校の勉強全般に興味が持てず、成績はどんどん悪化。高校生になってからは、**成績が学年240人中237位だった**こともありました。

　ちなみに高校の偏差値は49で平均以下、そのなかでほとんどビリケツだったのです……。

　英語の学力も底辺をはっていました。その状態のまま、勉強をする

気もないのに、高校を卒業して東京に行けば、なにかいい機会に巡り合えるのではないかとボクは考えていました。

そこで親にわがままをいって、無謀にも大学受験に挑んだのです。

ボクが受験した2つの大学の学部は当時、どちらも偏差値が38とされていました。しかし、両方とも落ちてしまったのです……。

この話をすると、「偏差値38ってどんなレベル？　想像がつかない」と笑われることもあります。

そもそも偏差値というのは、テストを受けた集団の平均点を「偏差値50」になるよう変換したものだそうです。偏差値は普通、「25〜75」の範囲に収まります。

たとえば、1000人がテストを受けたとしたら、偏差値70は、1000人のうち上から22〜23位くらいで、偏差値35は933位くらいになります。

つまり偏差値38とは、1000人テストを受けた中で、下位の10％レベル。ボクはそんなレベルの大学にも、見事に落ちたのです。

「名前を書けば受かるって話じゃなかったの？」とも思いました（笑）

BAKA★PERA

PART 1

英会話は
"コミュ力"が
9割

90% of English conversation is all about "communication skills".

タロサック流 英会話上達法

TAROSAC's how to improve your English conversation.

　ボクのYouTubeチャンネルを見た視聴者から、「**タロサックさんは"コミュ力おばけ"ですね（Your communication skills are monster class.）**」みたいなコメントをいただくことがあります。ありがたいことですが、コミュ力は、もって生まれたものではなく、コツさえ知れば、誰でも高めることができるものだとボクは思っています。

　英会話力を最短で爆上げするためには、他人とのコミュニケーションというアウトプットが欠かせません。

　ボクは英語学習のためにも、YouTube動画の制作のためにも、さまざまな分野の書籍をとり寄せて勉強するように心がけています。いまは勉強嫌いだった高校生までのボクとは違います。

　これまで読んだ本のなかの印象深い1冊で、精神科医・樺沢紫苑先生は、「**脳科学的にインプットに3割・アウトプットに7割の時間を費やすことで、最も効率的に脳に刻まれる**」という主旨のことをおっしゃっています。

　つまり、人の脳の仕組みから、最も効率的な学び方は「インプット3割：アウトプット7割（30% input, 70% output）」だということ。最速で英語を話せるようになりたいのなら、**インプットの2倍以上のアウトプットを心がけるべき**なのです。

　ボクのYouTubeチャンネルを見てくださる視聴者には、もしかしたらボクは、パーティー好きの"チャラ男（player）"のように映っているかもしれません。

しかし、自分でいうのもなんですが、ボクはネガティブ思考の一面もある、けっこう生真面目な性格。田舎育ちということもあり、本当は地味な男なんです……。

そんなボクが、どうやって、いまのように外国人と会話できるようになり、よい関係を築けるようになったのか？

そのポイントを紹介することによって、読者のみなさんの**英会話の "コミュ力" を高めるヒント**にしていきたいと思います。

英会話は"コミュ力"が9割

90% of English conversation is all about "communication skills".

"コミュ力" が高い人というと、真っ先に「しゃべりがうまい人（talkative person）」を思い浮かべるかもしれません。とくに英会話の場合、「英語を流ちょうにしゃべれる人（fluent in English）」が、コミュ力が高いと思われがちです。

でも、ボクは「コミュ力が高い＝話がうまい」とは、思っていません。

ボクが考える「コミュ力が高い人」は、次の3つの力を備えた人です。

①相手のことを考える力（ability to think about others）
②準備する力（ability to prepare）
③リアクションする力（ability to react）

どういうことか、順に説明していきましょう。

①相手のことを考える力
ability to think about others

　英語でコミュニケーションをとるとき、「沈黙が怖い（afraid of silence）」のか、または「英語を話さなければならない（must speak English）」とアセるのか、とにかく自分のいいたいことを一方的にしゃべろうとする人がいます。

　とくにある程度、人間関係が深まってくると「自分の話を聞いてほしい（I want you to listen to me.）」という気持ちから、自分の話ばかりしがち。

　これって、カラオケに行って、ほかの人にマイクを渡さず、自分だけ歌いまくっているようなものじゃないでしょうか？

　そんな人と「仲よくしたい（I want to get along with you.）」「友だちになりたい（I want to be your friend.）」とは思いませんよね。つき合っていて楽しくないし、むしろ疲れてしまうでしょう。

　この点は、日本語も英語も同じことです。英語は単なるコミュニケーション・ツールですから、**相手のことを考えて、「相手を楽しませる（entertain others）」という意識を持てる人が、コミュ力が高い**と思うのです。質問上手な人は、コミュ力が高い人です。

●TAROSAC式コミュ力爆上がり万能フレーズ
How has your life been?（最近どう？）
What did you do over the weekend?（週末はなにしてた？）
What's your plan for this week?（今週の予定は？）
I saw your Instagram. You like doing ○○?
（インスタ見たけど○○するのが好きなの？）
You are pretty good at ○○, how did you learn it?
（君すごく○○が上手だけどどうやって学んだの？）

質問

PART
1
英会話は
゛コミュ力゛が9割

PART
2
読み書きができなくても大丈夫
まずは、話す力

PART
3
英会話が苦手な人がハマり
がちな 英語のワナ トップ5

PART
4
英語偏差値38からの
゛すごい英語勉強法゛

PART
5
英会話上達は
インプット3割：アウトプット7割

②**準備する力**
ability to prepare

　ボクは大学生の頃、アルバイトをして貯金をし、夏休みになると英会話強化の機会を得ることを目的に、バックパックを背負って海外旅行をしていました。

　宿泊代の安いホステル（61ページ参照）で寝泊まりしていたのですが、そこで初対面のゲストと話をするとき、事前に英会話のテンプレート（ひな形）を用意して、それをくり返し試していました。

　●**当時使っていた英会話のテンプレート（ひな形）の例**
How long have you been in this country?
（この国にどのくらいいるの？）
What's your plan after this?（このあとの予定は？）
Do you know any good places to visit around here?
（ここらへんでオススメのスポットある？）
Let's go to grab some lunch together.
（一緒にお昼ご飯を食べようよ）

　また、英会話力をつけるため、マッチングアプリを利用して知り合った外国人と会うときも、事前に相手のSNSを検索して、どんなことに興味があるのかをチェック。「なにを話そうかな（What should I talk about?)」と質問を準備していたのです。

　ボクのYouTubeチャンネルを見ると、ぶっつけ本番で街角インタビューをしているように思うかもしれませんが、実際は事前に質問を用意して、念入りに下準備をしています。

　たとえば、導入部分で緊張をやわらげるために聞くのは、次のような基本的なことです。

Where are you from?（出身は？）
What are you up to today?（今日の予定は？）
What do you do as a career?（仕事はなにしてるの？）
※あとはインタビューのトピックに沿った質問を用意

　マスコミの取材者や優秀なセールスパーソンも、会う相手のことを事前に調べるそうですが、それと同様に**いくら英語が話せても「準備する力」なくして会話を盛り上げることはむずかしい**と思います。

③リアクションする力
ability to react

　日本語での会話でも、「へ〜」とか「ふ〜ん」としかリアクションしない "反応のうす〜い人" とは、話をしていてもつまらないですよね？

　ボクは、自分の話に「マジ？（Really?）」「それでどうなったの？（And then what happened?）」「ヤバいね、それ（That's not good.）」などと、リアクションしてもらえるとうれしいですし、会話もはずみます。

　もしくは、「うんうん」と話にうなずいたり、ちょっと前のめりになって「それでそれで」と聞いてくれたりすると、どんどん話がしやすくなります。

　まして英会話では、みんな身ぶり手ぶりを交えて、日本人だと「大げさじゃない？（Aren't you overreacting?）」と思うくらいのリアクションが普通です。

　いいタイミングで相づちをうち、おもしろそうに笑いながら、日本人にとってはちょっと大げさと思うくらいのリアクションをすれば、自然と会話は盛り上がります。

　英会話のコミュニケーションをスムーズにするためには、相手の話にリアクションする力が欠かせないのです。そうすれば、相手だって、自分が話すことに親近感を持ってリアクションしてくれるようになりやすいです。

　31〜33ページに、ボクが日常生活やYouTubeのインタビュー動画でよく使う、代表的な相づちをまとめていますが、よく使う基本的なものをここでも紹介しておきましょう。

●TAROSAC式コミュ力爆上がり万能フレーズ
Definitely!（その通り、間違いない）
Interesting!（おもしろいね！　興味深いね！）
That's cool!（それはいいね！）
Are you serious?（本気で？）
What!（えーー！）

——いかがでしょうか？
①**相手のことを考える力**（ability to think about others）
②**準備する力**（ability to prepare）
③**リアクションする力**（ability to react）
　という3つの力であれば、どれだけ「英語が苦手（I'm not good at speaking English.）」「話すのが苦手（I'm not very good at talking.）」と考える人でも、身につけられますよね？
　英会話力って、こういう日本語にも通じる基本的なポイントを押さえておくことが、とても大事ですし、大前提になると思います。

　それでは3つの力について、「**どうやって身につけていけばいいか（How do I learn to do this?）**」を説明しましょう。

「①相手のことを考える力」を身につけるには？
——自分がしゃべろうとしないで相手の話を聞くことを優先
Listen to the other person instead of speaking about yourself.

ボクの会話の基本は、**「相手に楽しんでもらおう（Let them have fun!）」** という姿勢です。これは日本語でも英語でも同じです。

そう考えたときにベストな方法は、自分が話すより、まずは **「相手の話を聞くこと（Listen to them.）」**。

人は誰でも、潜在的に「自分のことを話したい（I want to talk about myself.）」「自分のことを知ってほしい（I want people to know about me.）」と思っています。

だからこそ、話し相手に興味を持ち、質問して話を聞くことで、相手はこちらに好感を持ってくれるでしょう。

もちろん、相手を質問攻めにするわけではありません。一方的に次々と質問するのではなく、**ふと相手が話した（漏らした）ことに対して質問** をして、会話を広げていけばいいのです。

たとえば、あなたが最初に

「What did you do over the weekend?（週末は、なにをしていたの？）」と聞いたとしましょう。

すると相手が、「I went shopping.（買い物した）」と答えたとします。

そこであなたが、「I see.（ふ〜ん）」と答えただけでは、会話が終わってしまいます。

「Oh, nice! I go shopping often too.（いいね！ ボクもよく買い物に行くよ）」「So what did you get?（で、なにを買ったの？）」などと聞いてみるのです。

そして、「I bought a pair of shoes.（靴を買った）」というのであれば、「Do you have the picture?（写真見せて！）」などと話を広げていきます。

そうしているうちに、相手からも「Where do you usually buy shoes?（靴はいつもどこで買ってるの？）」とか「What did you do this weekend?（あなたのほうは週末、なにしていたの？）」などと聞いてくれることもあるでしょう。

その場合は、質問に答えながら、また相手に質問を返してもいいでしょう。

もちろん、こちらが聞いたことには答えてくれても、相手からは質問がこないパターンもあります。

そのため、ときにボクは、**さらっと自分のことを話してから相手に質問する**というパターンもとり入れています。

たとえば、ショッピングが話題になっているのであれば、「That clothes shop is nice.（あそこの洋服店はいいよね）」とか「When I went there the other day, it was having sale. How was it last weekend?（この間行ったときはセールをやってたけど、先週末はどうだった？）」などと、自分の話をしながらも、質問をして会話を広げるのです。

質問をするというのは、相手に**「I would like to know more about you.（あなたのことをもっと知りたい）」**というメッセージを伝えているようなもの。

自分に関心を持ってくれている人と、会話がはずめば楽しくていい気分になります。そんな場をつくることができたら、自然にいい関係を構築する土台となるでしょう。

「②準備する力」を身につけるには？
——「話したい」と思ってもらえる人になる
Be someone who people want to talk to.

　ボクの友人（日本人女性）に、英語と日本語のバイリンガルがいます。彼女はオーストラリア在住で、日本語と英語の両方が必要とされるイベントなどでMC（司会者）の仕事をしています。

　彼女は高校生のときにオーストラリアへ留学しましたが、当時はほとんど英語を話せなかったそうです。

　あるときボクが、「英会話を上達させるために、いちばん重要なことはなんだと思う？（What do you think is the most important thing to improve your English?）」と尋ねたことがありました。

　すると彼女は、「**その国の人に一緒にいたい、交流したいと思われる外国人であること（Be a foreigner that the people from the country want to be with and interact with.）**」と教えてくれたのです。

　ボクも、外国人とのコミュニケーションでは、相手に「あなたと話したい（I want to talk to you.）」と思ってもらえる人であることが、非常に重要なポイントだと思っています。

　どれだけ流ちょうに英語が話せても、「①相手のことを考える力」や「③リアクションする力」に乏しく、自分のことばかり話して、相手の話にあまり反応しない人は、一緒にいたいと思ってもらえないでしょう。

　日本人同士の日本語によるコミュニケーションでも同じです。立て板に水のごとく話す人でも、自己中心的で自分のことばかり話すような人とは、一緒にいたいとは思いません。

PART
1
英会話は
〝コミュ力〟が9割

PART
2
読み書きができなくても大丈夫
まずは〝話す力〟

PART
3
〝英会話が苦手な人〟がハマり
がちな 英語のワナ トップ5

PART
4
英語偏差値38からの
〝すごい英語勉強法〟

PART
5
英会話上達は
〝インプット3割：アウトプット7割〟

結局、「一緒にいたくない＝英語の話者と交流する機会を失う」ことになり、英語でのコミュ力を伸ばす機会を自らつぶしてしまうことになってしまいます。

一方で、ボキャブラリーが貧弱で、英会話の力はまだ低くても、「①相手のことを考える力」や「③リアクションする力」のある人は、相手に「話したい」と思ってもらえます。

そのことを意識することも「②準備する力」に通じるとボクは思うのです。

では、「話したい」と思ってもらえる人になるには、どうしたらいいのでしょうか？

まずは、**"戦略的に第一印象をよくする（Strategically make a good first impression.)"** ことです。

初対面の人は、**「好ましい（likable）」か「好ましくない（unlikable）」かを、わずか数秒で判断する**といわれています。

そして、最初の印象がいい人は、その人のよい面が目につきやすく、最初の印象がよくない人は、よくないところが目につきやすいそうです。

つまり、第一印象をあとから覆すのは、とても大変だということでもあります。たとえば、髪の毛はボサボサでヒゲがボウボウ、ヨレヨレの服を着ている人と、身だしなみが整った清潔な人がいたら、あなたはどちらと「また話したい」と思うでしょうか？

YouTubeでは、**「インプレッションクリック率」** と **「視聴者維持率」** がとても重視されています。

「インプレッションクリック率」とは、視聴者のホーム画面に動画のサムネイルが表示されて、どのくらいの割合でクリックされたかの指標。「視聴者維持率」とは、視聴者がどのくらい長く、動画を継

続して視聴したかを示す指標です。

　つまり、最初に「目に入った動画のサムネイルがクリックされる」
⇨「継続して見てもらえる」という動画が、"いい動画"と判断され
て、多くの人にオススメとして表示されるのです。

　これも、どれほど最初の印象が大切かを表している例だと、ボク
は考えています。

「そんなことが英語のコミュ力にどう関係あるの？」と思った人が
いるかもしれません。

　でも、**英語を話せる可能性や回数、会話の長さなどを少しでも増
やす（increase chances and number of times to speak
English, and the length of English conversation）**ことで、
英会話上達のチャンスは広がります。

　ささいなことだと思うかもしれませんが、こうした小さな点に気
を配ることの積み重ねによって、英語を使ったコミュ力は育ってい
くのです。

「③リアクションする力」を身につけるには？
──相づちが会話をグンと盛り上げる
"Aizuchi" will make the conversation a lot more interesting.

　自分がしゃべりまくるより、質問したりして相手に話してもらう
のが「①相手のことを考える力」だといいました。

　でも、相手の話にほとんどリアクションせず、「はい、次の質問
（next question）」みたいに機械的なコミュニケーションだと、相
手はなんだか"尋問（questioning）"されているような気になるで
しょう。

PART
1
英会話は
"コミュ力"が9割

PART
2
読み書きができなくても大丈夫
まずは"話す力"

PART
3
英会話が苦手な人がハマりがちな 英語のワナトップ5

PART
4
英語偏差値38からの
すごい英語勉強法

PART
5
英会話上達は
インプット3割：アウトプット7割

　日本人は、身ぶり手ぶりで大きなリアクションをとったり、感情を込めた相づち（give responses）をはさんだりすることに "照れくささ（embarrassing）" を感じる人が少なくありません。

　でも、**「What's that?（なにそれ？）」「What does that mean?（それ、どういうこと？）」**などと、**適度に相づちをはさむ**ことで、話はどんどん盛り上がります。

　また、明るくリアクションをすれば、「話したい」と思ってもらえる人になるでしょう。

　そこで、ボクが日常生活やYouTubeのインタビュー動画でよく使う相づちには、どんなものがあるのか？　そして、どんなときに、どう使えばいいのか？　例をあげて説明しましょう。

●Right.（そうですね）
We cannot judge people by their appearance.
（見た目で人を判断したらダメですよね）
➡**Right.**（そうですね）

●True.（その通り）
Saving money is important for a rainy day.
（万が一のために貯金は大事だ）
➡**True.**（その通り）

●Really?（本当？　そうなの？）
The café is closed permanently.（そのカフェ閉店したよ）
➡**Really?**（本当？　そうなの？）

● Definitely!（その通り、間違いない）

Don't you think he should study harder before the exam?（そのテストの前は彼はもっと勉強するべきじゃない？）

➡ Definitely!（その通り、間違いない）

● Awesome!（いいね！）

Finally, I booked a flight to Japan.

（ついに日本に行く航空券とったわ！）

➡ That's awesome!（やったじゃん！　いいね！）

● Are you joking?（ウソでしょ？）

I won a million in the lottery!（宝くじで1億円当たったよ）

➡ Are you joking?（ウソでしょ？）

● Interesting!（おもしろいね！　興味深いね！）

I heard that there could be a treasure underneath our house.（家の下にお宝が眠ってるかもしれないらしいよ）

➡ Interesting!（おもしろいね！　興味深いね！）

● No way!（ありえない！　ヤバッ！）

It'll be raining for a month from tomorrow.

（明日から1か月ずっと雨だよ）

➡ No way!（ありえない！　ヤバッ！）

● That's cool!（それはいいね！）

My new house got a swimming pool at the back.

（新しい家の裏庭にはプールがついているんだ）

➡ That's cool!（それはいいね！）

PART
1
英会話は
"コミュ力"が9割

PART
2
読み書きができなくても大丈夫
まずは、話すから

PART
3
"英会話が苦手な人"がハマり
がちな"英語のワナ"トップ5

PART
4
英語偏差値38からの
"すごい英語勉強法"

PART
5
英会話上達は
"インプット3割・アウトプット7割"

● That must be ＋形容詞.（それは、間違いなく○○だね）

He works seven days a week.（彼は1週間毎日仕事してる）

➡ That must be exhausted.（彼、絶対クタクタね）

● Sure.（もちろん）

Could you help me move a house?

（引っ越し手伝ってくれない？）➡ Sure.（もちろん）

● Exactly.（その通り）

We should stop complaining and start solving the
problem instead.（不満をいわずに問題解決に取り組むべきだ）
➡ Exactly.（その通り）

● Absolutely.（本当にその通り。本当に間違いない）

Do you think he is a genius?（彼のこと天才だと思う？）
➡ Absolutely.（本当にその通り。本当に間違いない）

● Probably.（たぶん）

Can you come to the party tomorrow?

（明日のパーティーこられる？）➡ Probably.（たぶん）

● Uh-huh.（うんうん）

I went to his house last night.（昨晩彼の家に行ってね）
➡ Uh-huh.（うんうん）

● Yeah.（うんうん）

We started cooking together.（一緒にご飯
をつくりはじめたの）➡ Yeah.（うんうん）

33

ボディランゲージを有効に使う

Use body language effectively.

　ボクは、英語でのコミュニケーションでは、ボディランゲージを少しオーバーなくらい使っています。

　言葉だけでなく、身ぶり手ぶりの表現も使って、コミュニケーションをとることを心がけているからです。

　感情を込めているので、自然と身ぶり手ぶりが大きくなっているだけのことも少なくありませんが、**強く意図してボディランゲージを駆使する**こともよくあります。

　そこで、ボクがよく使うボディランゲージと、日本人が誤用しやすいボディランゲージを紹介しておきましょう。

よく使うボディランゲージ

nod
（うなずく）

shrug
（肩をすくめる）

air quotes
（エアークォート）

相手に話を聞いていることを示したり、相手に同意したりしたときに頭をタテにふってうなずきます。これは日本語での会話でも有効ですよね。

肩だけをすくめたり、両手のひらを上に向けて一緒にすくめたりします。「わからない」「仕方ない」「興味がない」などの気持ちを示します。

人の言葉や発言を引用する際に「"○○"」の意味で、顔の横で人差し指と中指を2回曲げます。皮肉やからかいの気持ちを含めることもあります。

so-so
（そこそこ、まあまあ）

手のひらを下に向けて、ゆらゆらと動かします。「調子はどう？」と聞かれたときなどに、「まぁまぁだね」という意味で、ジェスチャーすることも。

high five
（ハイファイブ）

なにかがうまくいったとき「やったね！」「イェイ」という気持ちの高ぶりや興奮した感覚を表す際に、手と手を高い位置で叩き合わせます。

fingers crossed
（フィンガーズクロスド）

人差し指と中指を交差させた「fingers crossed（フィンガーズクロスド）」は、「グッドラック」「幸運を祈る」という意味があります。

日本人が誤用しやすいボディランゲージ

V sign
（ピースサイン）

相手に手の甲を向けてのピースサインは、中指を1本立てるのと同様、「Fuck you.」というサインになり、相手を侮辱する意味になります。「2つ」の意味で使わないように！

「いりません(No need.)」
手を顔の前で左右にふる

日本では、「違います」「私じゃないです」「いりません」などと表したいときに、手を顔の前で左右にふることがありますが、日本以外では「臭い」という意味にとられることも。

「おいで(Come here.)」
手招きする

手のひらを下に向けて「こっちにおいで」と手招きするのは、日本以外では逆に相手を追い払っていると受けとられます。正しくは、手のひらを上に向けて手招きします。

英会話の「鈍感力」を高めよう

Improve your "insensitivity" in English conversation.

　ちょっと想像してみてください。日本で一生懸命に日本語を学ぼうとしている外国人が、「ダサいね」「ヤバいね」などの言葉をちょっと間違ったニュアンスで使ったとしましょう。

　そんなとき、「間違った使い方してるんじゃないよ！（Don't use it the wrong way!）」なんて叱ったりしませんよね？

　むしろ、日本になじもうとしている態度に好感を持ち、「それは、こういうふうに使うといいよ（You can use it like this.）」と、**親身になって教えてあげたくなるでしょう。**

　そう考えると、自分が逆の立場になって、英語でのコミュニケーションで多少の失敗や間違いをしても、相手はそれほど気にしないと思いませんか？

　ボクは、英会話のレベルがいまよりずっと低かったときも、テンプレートをつくって質問したり、ネイティブのアクセントやフレーズをマネしたりして、**恥も外聞も捨ててとにかくトライする！（Put aside my shame and my reputation and just try it!）**と意識して、積極的なアウトプットを心がけていました。

　間違えて笑われたり、バカにされたりしたこともありましたが、小さなことにいちいち反応しないと決めていたのです。

　そんなときは、「What's wrong?　Did I do anyhing wrong?（えっ、なにがおかしいの？　いまのなにかヘンだったかな？）」「Tell me, tell me!（教えて、教えて！）」とからんでいくことで、相手も真面目に対応してくれるようになったのです。

　このように、**いい意味で"英語の鈍感力"を高めることは、コミ**

PART
1
英会話は
"コミュ力"が9割

PART
2
読み書きができなくても大丈夫
まずは"話す力"

PART
3
"英会話が苦手な人"がハマりがちな"英語のワナ"トップ5

PART
4
英語偏差値38からの"すごい英語勉強法"

PART
5
英会話上達は"インプット3割:アウトプット7割"

ュ力を高める近道でもあります。

　そんなふうに明るくふるまっていたことで、「コイツと一緒にいるのは楽しい（It's fun to be with this guy.）」とも思ってもらえたはず。そうして「話したい（I want to talk to you.）」と思ってもらえることが、どんどん増えていった気がします。

相手のメリットを考えて話す
Speak with the other person's benefit in mind.

　ボクがYouTubeのインタビュー動画を作成するため、街で見知らぬ外国人に声をかけるとき、**いちばんに心がけているのが、「相手のメリットを考える（Consider the benefits to the others.）」**ことです。

　突然、街角でインタビューをお願いするとき、まずはこれまでのYouTube動画や再生数などをスマホで見せて、影響力のあるYou-Tubeチャンネルだということをアピールします。

　そして、その日に聞きたいトピックについて伝えて、「It would be fun.（楽しいインタビューになる）」「The video will be very helpful for many people.（とても役立つ動画になる）」と、出演するメリットを伝えるのです。

　なにより、「I'd love to hear what you think.（ボクはぜひ、あなたの意見が聞きたいんだ）」と、相手への興味・関心をアピールします。

　さらにインタビュー中も、さりげなく相手をほめたり、リアクションを大きくしたりして、相手が話しやすいように最大限の配慮をします。そうやって、気持ちよくどんどん話してもらうことに努めるのです。

英語を使ったコミュニケーションでも、「自分が英語を話す相手がほしい（I want someone I can talk to in English.）」「自分が話す場がほしい（I want a place where I can speak.）」などと、自分のことばかり考えるのではなく、少しでもいいから「相手に楽しんでもらおう（Let them have fun!）」「気持ちよくなってもらおう（Let them feel good.）」という気持ちを忘れない。

そうすれば、「①相手のことを考える力」「②準備する力」「③リアクションする力」も、ムリなく自然と高まります。

そして、まず自分から相手のためにしたことがポジティブな流れを生み出し、最終的に自分に返ってくる。そう思ってほしいのです。

英語を使ったコミュニケーションを考えるとき、「どんな話をしよう？（What should I talk?）」「どうやって会話をはずませようか？（How do I get the conversation going?）」など、どうしても自分に意識が向きがちです。

でも、**まずは相手のメリットを考えてアプローチする**ことが、最終的にプラスとなって返ってくるとボクは信じています。

人に興味を持つことが
コミュニケーションのカギ
Your interest in people is the key of communication.

コミュニケーションの基本とは、人と人がわかり合うこと。そのためには、「**人に興味を持つ（interested in people）**」ことが重要なポイントです。ボクはもう2年以上、YouTubeでインタビュー動画を配信していますが、毎回、どんな人に出会えるのか、またどんな考えを聞くことができるのか、楽しみでしかたありません。

英語で会話をするとなると、異なる文化や考え方の人たちに多く出会います。そうして、新たな物事の見方や考え方などを知るたびに、自分の"考えの枠"みたいなものが広がる感覚があります。

そして、「**こういう考え方もあるんだな**」と思うことがたくさんあります。すると、見える世界が変わるし、人生が変わるのです。

もちろん、英会話を学ぶ人全員がボクのように海外でインタビューをするわけにはいきません。でもいまは、SNSやアプリなどで、カンタンに英語を話す人と接することができます。だから、新たな人と出会う場を見つけるのは、さほどむずかしくないはずです。

そうして、自分と異なる文化や考えを持つ人に好奇心を持つ。「自分と違うから」と拒絶せずに理解しようとすることが、コミュ力を高めるカギ。「**違うからこそおもしろい**」、ボクはそう感じています。

ここでは、こうした質問をすることで「**あなたに興味があります**」と示したり、会話にはさんで「**あなたのことを知りたい**」とダイレクトに伝えるフレーズを紹介します。

TAROSAC式コミュ力爆上がり万能フレーズ

What do you usually do on your day off?（休日はなにしてるの？）
What type of cuisine is your favorite?（どんな料理が好き？）
I want to know about you more.（あなたのことをもっと知りたいよ）

浪人時代に英語の基礎を
イチからやり直す

**Starting over from scratch with the basics of English
when I fail to enter a university.**

　大学受験に失敗し、それまで勉強をサボってきたことを深く後悔しました。ロクに受験勉強をせず、音楽活動やアルバイトなどに明け暮れていたボクは、両親から「**好きなことしかやらない人に、勉強するお金は出せないよ**」と宣言されてしまったのです。

　両親に見放され、「このままだと人生が終わってしまう。本当にこのままでいいのだろうか……」と危機感を覚えたボクは、地元で小規模な塾を経営する知り合いのMさんに泣きつきました。

　高校受験のときにお世話になったMさんは、その後もなにかと目をかけてくれていたのです。

　Mさんは熱血漢で、「やる気がないヤツは、ほかの生徒のモチベーションを下げるから塾を辞めてくれ。お金は返す」といい放つような人。そんなMさんに見込まれて、「**コイツは絶対がんばるし、オレがやらせるから**」と、ボクの両親を説得してくれたのでした。

　早速、その翌日から、勉強漬けの浪人生活がはじまりました。

　毎日朝9時から夜10時まで、Mさんの塾での授業、さらにMさんの塾にいながら大手塾のサテライト授業を受けたり自習をしたりと、1日12時間以上、ひたすら勉強しまくったのです。

　当時は私立でも「大学入試センター試験」という共通入学試験を採用している学校が多く、**英語の得点がほかの科目の2倍**あったと記憶しています。そこで大学合格のため、戦略的に英語の勉強に力を入れたのです。

　では、もともと偏差値38以下のボクが、どんな勉強をして"英語の壁"を突破しようとしたのか？

　まず、**午前中はひたすら「英単語」**を覚えました。

　大学入試で偏差値58〜65の学部やTOEIC600〜780点、英検準1級などを目指す際によく使われる**英単語帳『DUO3.0』**（102ページ参照）を使って、毎日、決まったページ数の単語を覚えました。そして午後は、文法を自分のものになるまで、くり返し学んだのです。

　ボクは、塾の教材に加え、英文法の定番とされていた『総合英語Evergreen』を使い、英文法のルールをひたすら覚えていきました。

　英単語も英文法も、その日に覚えたことは、当日中に復習して、翌日の予習もしました。そして、前日に学んだことは、自分に教えるつもりで説明してみたのです。

　英単語や英文法は、基礎を身につけておかないと、いくらリスニングやスピーキングがうまくなっても、応用がききません。

　もちろん、英会話のフレーズを暗記するのも英会話力のアップに役立ちます。しかし、**最低限の英単語や英文法を押さえておかないと、覚えたフレーズしか使うことができず、応用がききません。**

　覚えたフレーズを話すだけで、相手とのやりとりができず、会話が広がっていかないのです。

　この時期に、徹底的に中学・高校レベルの英語をやり直したことが、いまのボクの英会話力の基礎となっているのは間違いありません。

BAKA★PERA

PART 2

読み書きが
できなくても大丈夫
まずは"話す力"

Speak first before reading and writing.

会話の"反射神経"を高める

Improve your conversational reflexes.

　中学レベルの英語の基礎さえなかった、英語偏差値38のボクが、最短で英語の基礎力を身につけた方法は、Part 4でご紹介しますが、とにかく大切なのはアウトプットを重視すること。

「インプット3割：アウトプット7割」の感覚で、学んだことはとにかくアウトプットしていきます。

　英語で話されたことに英語で返す"反射神経"を高めるには、シンプルなフレーズを自分のものにすること。そのためには何度もくり返し話していくしかありません。

　いい慣れたフレーズがあれば、相手が投げた英会話のボールをキャッチして、すぐに投げ返すことができるようになります。

　そのために使えるのが、次にご紹介するテンプレートです。

テンプレートを準備すれば
英会話は怖くない

If you prepare a template, you won't be afraid of speaking English.

　TBSアナウンサー・安住紳一郎さんの著書『話すチカラ』（齋藤孝 明治大学教授との共著）で、数多くの番組や大舞台を経験してきたトップアナウンサーともいえる安住アナが、こんなことを書いていました。

「スピーチが上手な人は、必ず事前に練習しています。それも、たぶんびっくりするくらい入念に準備をしています。ぶっつけ本番で上手に話せる人は、ほんの一部の天才だけです」

　スピーチに限らず、英会話だって同じことだと思います。ボクも英語での答え方や会話のトピックなどを、スマホのメモ帳に書きためて、事前にシミュレーションしていました。

　人と会話をするとき、どんなテンプレートを使っていたのか？「初級」「中級」「上級」に分けて紹介しましょう。

★本書での「初級」「中級」「上級」の目安

初級＝これから英会話を学び直す、もしくは英会話が苦手と考える人

中級＝ある程度の日常会話はできるけれど、込み入った話をするのはちょっとむずかしいと考える人

上級＝英検1級や国連英検などの難易度の高い試験の合格を目指す人、もしくは、仕事などで英語を使う機会はあるものの、もっとブラッシュアップしてプレゼンや会議などでしっかり発言できることを目指す人

初対面の人と会話をするときに使うテンプレート

Template to use when conversing with someone you have never met before.

●【初級編】スモールトーク

for elementary level

　テンプレートを紹介する前に、まずは前提になることを説明しましょう。

　英会話は「スモールトーク」からはじめるとスムーズです。スモールトークとは、ちょっとした「世間話」や「雑談」のこと。

とくに、初対面の人と話すときに緊張をやわらげたり、距離を近づけてコミュニケーションをとりやすくします。

スモールトークは、いわば運動前にウォームアップとして行われる「動的（ダイナミック）ストレッチ」ともいえます。全身の各部位をリズミカルに軽く動かすことで血行をうながし、筋肉の温度を上げて柔軟性を高める。

それにより、パフォーマンスを向上させます。スモールトークも会話のウォームアップとなり、**会話のパフォーマンスを向上させる糸口になる**のです。

初級編のテンプレートは、初対面の人とのスモールトークが中心です。初対面での会話は、まずはあいさつがわりに、このようなフレーズからはじめることが多いです。

初歩の初歩となるあいさつのフレーズは、よく知った仲でも同じように交わされますから、何度もくり返し練習して、身につけておきましょう。

● **How are you? How's it going?**（調子はどうですか？）
——こう相手に尋ねると、たいてい同じように聞き返されるので、そのときは、
● **I'm good.**（いいですよ！）
● **I'm great.**（とてもいいです！）
● **I'm fantastic!**（最高です！）
● **Same as usual.**（いつも通りかな）
● **Not so good.**（あんまりよくないね）
● **Pretty bad.**（調子悪いよ）
——のように答えます。
（これはメールやSNSなどのメッセージでも同様です）

How are you? How's it going?（調子はどうですか？）

と前後してよく使われるフレーズが、

◉ Nice to meet you.（会えてうれしい）

「会えてよかった」という意味

初対面の人と別れるときにも最後に使えます

➡ It was very nice to meet you.（会えてよかったです）

スモールトークの鉄則は、**プライベートに突っ込みすぎず、無難で楽しい話題にする**ということ。とくに女性に対して、「結婚をしているのか」「子どもはいるのか」というような立ち入ったことを聞くのはNGです。

また、男女ともに、政治・宗教、人種、収入などの話題は避けたほうがいいでしょう。無難な話題といえば、**「天気」「食べ物」「仕事」「趣味」**などがあげられます。

● **天気**

It's a beautiful day, isn't it?（今日は気持ちいい天気ですね）

It's going to be colder tomorrow.

（明日はもっと寒くなるらしいですね）

Hope the rainy season ends soon.

（早く梅雨が明けるといいですね）

I prefer hot to cold.（寒いのより、暑いほうが好きです）

● **食べ物**

What is your favorite food?（食べ物はなにが好き？）

Do you cook at home?（自宅で料理する？）

What do you usually eat for breakfast?

（ふだん、朝ご飯にどんなものを食べているの？）

Do you know any good places to eat around here?

（このあたりに美味しいレストランある？）

Where do you usually go to eat lunch?

（いつもどこにランチを食べに行くの？）

I like Italian food.（イタリアンが好き）

I make only salads at home.

（家ではサラダくらいしかつくらない）

I make sandwiches for lunch and bring them here.

（ランチはサンドイッチをつくって持ってきてる）

●仕事

What do you want to do in the future?

（将来なにになりたいの？）

What do you do?（仕事はなにをしてるの？）

How long have you been a secretary?

（秘書を何年くらいやっているの？）

Have you been doing the same job for a long time?

（ずっと同じ仕事をしているの？）

I'm an office worker.（オフィスで働いています）

I work in a hospital as a surgeon.（病院で外科医をしています）

Do you enjoy your job?（仕事は楽しい？）

●趣味

What do you do on your day off?

（休みの日はなにをしているの？）

What did you do over the weekend?

（週末はなにをしていたの？）

What is your hobby?（趣味はなに？）

Who is your favorite musician?（好きなミュージシャンは？）

What is the most popular sport in your country?

（あなたの国で人気のスポーツは？）

What do you watch on Netflix recently?

（ネットフリックスで最近なに見てる？）

Do you play any sports?（なにかスポーツはしてる？）

I like working out at the gym.

（ジムでワークアウトするのが好き）

All I do is watch Netflix at home.

（家でネットフリックスばかり見ている）

●その他

Could you say that again, please?

（もう一度いってもらってもいいですか？）

I don't understand what you mean.

（どういう意味かわかりません）

What have you been up to today?（今日はなにをしていたの？）

Where are you from?（出身はどこ？）

What country have you been so far?

（海外はどこに行ったことがある？）

How do you say "Hello" in your language?

（あなたの言語で「ハロー」はなんていうの？）

Have you ever been to Japan?（日本にきたことある？）

Do you have any unique cultures in your country?

（あなたの国にはユニークな文化はある？）

We take our shoes off whenever entering home.

（日本では家の中では靴を脱ぐんだよ）

Why did you come to Australia?

（どうしてオーストラリアにきたの？）

How long have you been here?
（どのくらいここに滞在してるの？）

● 「お別れのひと言も忘れずに！」
I have to go now.（もう行かなきゃ）
See you soon.（またね）

●【中級編】友人関係を構築する

for intermediate level

　中級編では、何度か会話したことのある相手とのコミュニケーションに使えるフレーズを紹介します。

● 「それいいね！」と軽くいいたいとき
Sounds good! Sounds great!（それいいね！）

● 「今日の予定は？」をネイティブっぽくいっちゃおう
What are you up to?（今日の予定は？）
What's your plan for today?（今日の予定は？）

●誘ってもらったけど今日は用事がある……
I have something to do today.（今日はすることがあるの）

●自分の習慣を伝えるときは動詞の現在形を使って
I go to the gym every day.（毎日ジムに通ってるよ）
I walk to my workplace.（職場には歩いて通ってるよ）
I play the guitar.（ギターをひくんだ）

●なにかお願いしたいときは

Could you do me a favor?（お願いがあるんですが）

Can you do me a favor?（お願いがあるんだけど）

＊Couldの方が丁寧な要素が含まれている

● 「病気」という意味ではなく、いいものに対するリアクションをするときのひと言

That's sick!（それすごいね！　ヤバッ！）

（会話例）

●**Emily**（エミリー）

I watched a TV series last night and the actor was so cool.

（昨日の夜、あるドラマを見てたんだけど、その俳優がカッコよくて）

This morning I went to a café in front of my work-place and he was literally there!

（それで今朝職場の前のカフェに行ったら彼が本当にそこにいたの！）

I had my picture taken with him.

（一緒に写真を撮ってもらったわ）

●**I**（自分）

That's sick!（それすごいね！）

●お誘いするとき

When will you finish work?

（何時に仕事が終わる？）

What do we want to do on the weekend?

（週末のデート、何したい？）

Why don't we go to the restaurant together?
（あのレストラン一緒に行かない？）
Are you keen to come to drink with me tonight?
（今夜、飲みに行かない？）

●待ち合わせ時間と場所を決めるとき
Shall we meet up in front of the shopping mall?
（そのモールの前で待ち合わせしようか？）

●明日、一緒にジムに行こうと誘うとき
Why don't we work out in the gym tomorrow together?
（明日、一緒にジムでワークアウトしない？）

●自分の家に招待したいとき
Do you wanna come to my place?（ウチにくる？）
wannaはwant toを省略した形でフランクな場面（友だち同士な
ど）であれば問題なく使って大丈夫です。

●自分の家で飲もうと誘うとき
Come to my place to have some drinks.
（ウチでちょっと飲もうよ）

●ウチでネットフリックスを見ようと誘うとき
Do you wanna watch Netflix?（ネットフリックス見る？）

●待ち合わせで会ったときにさらっと外見をほめる
You look very nice today.（今日すごくいい感じだね）
Where did you get the hat?（どこでその帽子買ったの？）

●誘ってお出かけしたあと、「今日は楽しかった」「また行こうね」
と伝える

It was so much fun today!（すごく今日楽しかった）

Let's catch up again soon.（またすぐ会おうね）

●【上級編】ちょっと深い話もできるようになる

for advanced users

　むずかしい単語を連続して使っていくというより、正しい文法で
フレーズを構築するのが上級者。ここでは、しっかりとした文で、よ
り深い話ができるようになるためのフレーズを紹介します。

●たとえば「to不定詞」を使ったものであれば

What do you usually do to make yourself happy?

（なにか自分を幸せにするためにしていることはある？）

I bought this English vocabulary book to pass the exam.

（試験に合格するためにこの英単語帳を購入した）

●「関係代名詞」を使ったフレーズであれば

I like a person who is respectful to other people.

（他人に思いやりのある人が好きです）

I bought a pair of sneakers which was just released last week.

（先週発売されたばかりのスニーカーを買いました）

I came to Australia, which changed my life.

（オーストラリアにきたことが私の人生を変えました）

●現在完了形を使ったものであれば

Have you been busy lately?（最近忙しくしてた？）

What have you been doing since we met last time?
（前回会ってから、ずっとなにしていたの？）

●不定詞が主語の場合にitを代わりに主語として使う文
It is very great to see you.（君に会えて最高だよ）
It is very dangerous for him to do drive on the highway.
（その高速道路を運転するのは彼にはとても危険だよ）

＊英語話者が多用する言葉が出てこないときに使える魔法のワード
You know（えーっと）、Like……（なんて言うか……）➡ただし、
使いすぎには要注意です。

知っておくと理解が深まるマインド
Mentality to help you understand the other person well.

　英語でのコミュニケーションでは、日本とは異なる、外国の文化
や考え方、そしてマインドを、ある程度、理解しておくことがとて
も重要です。
　日本や東南アジア、中近東、アフリカなどの国は「ハイコンテク
スト（high-context cultures）」が多いのですが、欧米を中心とす
る国々は「ローコンテクスト（low-context cultures）」が多いで
す。この基本的な違いを知っておくことは、けっこう重要です。

　ハイコンテクストとは、**言葉以外の表現を重視する**コミュニケー
ションスタイルのこと。文化の共有性が高く、共通の認識を前提と
して、言葉以外の表情や声のトーンなどの情報から状況を察してコ
ミュニケーションをとります。

　直接的な表現は好まれず、言葉ではっきり伝えることが敬遠され
がちという特徴もあります。

　これに対してローコンテクストは、言葉を重視するコミュニケー
ションスタイルです。直接的でわかりやすい表現がよいとされ、**伝
えるべきことは言葉ではっきりと伝えます。**

　ローコンテクストでは、ぼやかした表現や遠回しないい方は好ま
れず、コミュニケーションの内容は言葉で表したことが、ほぼすべ
てと考えたほうがいいでしょう。

――と、ここまで読んで「そんなことは知っているよ！」と思われ
た人も多いでしょう。

　でも、ボクたち日本人の「ハイコンテクスト」と、英語圏を中心
とした「ローコンテクスト」。コミュニケーションスタイルが正反対
だということを、**まずは強く意識しておかなくてはいけません。**

　日本人同士だったら「そんなこと、いわなくてもわかるでしょ！」
と思うことでも、英語だと言葉にしなければ理解してもらえないか
らです。

　たとえば、「Why don't we go to see the movie this week-
end?（今週末、映画見に行こうよ）」と誘われたとき、日本人同士
であれば、行く気がないなら「う〜ん、考えておく（Let me think
about it.）」「まだ、ちょっとわからない（I don't know yet.）」で
すむでしょう。

　でも「ローコンテクスト」の文化を持つ人に対しては、理由はな
んであれ「I can't go.（行けない）」と、しっかり伝えないといけ
ません。

　そうしないと、あとで「Can we go to see the movie since
you told me you would think about it?（考えておくっていって

いたけど、映画行けるの？）」のようにいわれます。

つまり、**お互いに「空気を読む」必要がないのが「ローコンテクスト」の文化**なのです。

とくに、日本人は断るのが苦手。「No.（いいえ）」といわなければならないとき、空気を読んでもらいたがる傾向にあります。

この違いをしっかり踏まえておくことで、次から説明する英語でのコミュニケーションで生じがちな、「お互いに理解できない」状況を避けられます。

自分の意見はハッキリと伝える
Give your opinion clearly.

ローコンテクストの文化とは、**共通の認識や価値観が少ない状態**（cultures in which people share few experiences and values）ともいえます。

そのため、基本的には伝えるべきことをすべて言語化することが求められ、寡黙でいたり、曖昧な表現を使ったりすることは好まれません。

日本人のようにまわりに気を使って、「ボクもそう思う（I think so too.）」「私も同じ（I'm with you.）」というのではなく、自分の考えをハッキリと伝えるのが、当たり前と考えられています。

ボクがYouTubeの動画のために、女性3人のグループにインタビューをしたときのことです。

お金についての話をしていたとき、1人の女性が「私はこう考える（I think like this.）」といい、もう1人の女性も近い考えを持っていました。

こういう展開になると、日本人のグループだったら、3人目の人は、当たりさわりのないように、「私もそんなふうに思う（That's how I feel too.）」というケースのほうが多いかもしれません。

でも、3人目の女性は、**「私はそうは思わない（I don't think so.）」とキッパリ。**「なぜそう思うのか（Why I think so.）」を堂々と主張したのです。

また、ローコンテクストの文化では、聞き手に「察する（sympathize with）」ことは求められません。そのかわり、**伝える力が重要**と考えられ、話し手に思考力・表現力・論理性など説明能力を持つことが求められます。

海外では「What do you think of~」と**意見を求められることが非常によくあります。**こう聞かれたとしても、聞き手は別にあなたを「日本代表」と考えて、正しい意見を期待しているわけではありません。

あなた個人の考えを聞きたいだけなのですから、遠慮なく、自分の意見を伝えればいいのです。

そこで、どう切り出せば相手との良好な関係を維持したまま、お互いに率直な意見を交換できるか、例をあげてみましょう。大切なのは、相手の意見を受け入れるところからはじめ、自分の意見を述べることです。

しっかり自分の意見を伝えることが大切だと理解しておくこと。相手に合わせがちな日本の文化が、ほかの国でも当たり前だと考えないようにしましょう。

●TAROSAC式コミュ力爆上がり万能フレーズ

I think your idea is great but I believe that 〜

（会話例）

John（ジョン）：I think we should shift our marketing strategy to something completely different this year.

（今年、ボクらはマーケティングの戦略をまったく違うものに変えるべきだと思うよ）

I（自分）：I think your idea is great but I believe that we should stick with the current one because……

（あなたのいってることもわかるけど、私はこれでいいと思うの。なぜなら……）

どんな内容でも"発言すること"自体が正義

Whatever it is, speak up for your justice.

　今度は、オーストラリアの大学に留学した経験のある日本人女性の話です。

　入学したばかりの頃、彼女は英会話に慣れていないこともあり、なかなか周囲の学生たちとなじめなかったそうです。

　ところが、いくつもの授業に出席するうち、「なぜ自分がなじめていないのか」に気づかされました。

　同じクラスにいる留学生やネイティブの生徒たちが、自分からすると「あんなくだらないこと、よく聞けるな（How can he/she ask such a dumb question so openly?）」と思うようなことでも、胸を張って堂々と質問するのだそうです。

でも、周囲の学生も教授も決してバカにせず、「なるほど (I see.)」「そういう意見もあるね (That's one opinion.)」などと聞いてくれている。

その姿を見て、**「どんな内容でも、自分の意見をいうことが正義なんだ (No matter what the content, it's justice to speak one's mind.)」。そして「私が周囲の学生となじめなかったのは、自分の意見をいうのを躊躇していたからだ (I didn't fit in with the students around me because I was hesitant to speak my mind.)」** と気づいたのです。

そこで間違いを恐れず、思い切って自分の意見をいうようにしたところ、周囲の学生にも受け入れられるようになり、友人もできたそうなのです。

ハイコンテクストな文化で育った日本人としては、「積極的に自分の意見を発言する (Actively voice your own opinions.)」というのが、大きな壁になりがち。

彼女も「間違ったことをいったら恥ずかしい (It would be embarrassing to say something wrong.)」「正しいことをいわないと間違いを非難されそう (If I don't say the right thing, they might be going to point out my mistakes.)」——そんな思いが漠然とあったようなのです。

これは発言に正解を求めがちな日本の学校教育の弊害なのかもしれないと、ボクは思います。

英語でのコミュニケーションでは、どんな内容であれ、自分なりの考えを持ち、人に伝えることをなにより重視します。

ちょっと極端にいうと、**「発言しない人は、その場にいないも同然 (Those who do not speak up are the same as ones who are not there.)」** という扱いになりかねないのです。

まずは、身のまわりのことなどについて、自分はどう思うのかを考えること。そして、自分の意見をきちんと持つこと。

　そうすることで、相手に「伝えたいなにか（something to tell）」が生まれて、積極的に発言することができるようになります。

同じ空間にいたら話しかけるのも礼儀

If you're in a space with someone, talk to him/her to be polite and friendly.

　突然ですが、ちょっと想像してみてください。

　あなたはカフェに行きました。すると、そのカフェのカウンターの前で、オーダーしたコーヒーが出てくるのを待っている人がいます。そして、その人は犬を連れています。

　このような状況では、ボクがいま住んでいるオーストラリアであれば、「He/She is so cute!（かわいい犬だね）」「What's his/her name?（名前なんていうの？）」などと話しかけるのが、ごく普通です。

　たぶん日本だと、そうはいかないでしょう。同じ列に並んでいたとしても、赤の他人なら、見て見ないふりをして黙っているケースがほとんどかもしれません。

　ボクの経験上、オーストラリアに限らず、アメリカ、イタリアや南アメリカなどのラテン系の人たちであれば、声をかける確率が高いです。

　これも、日本人と外国人が持つ習慣の違いといえるでしょう。

　日本であれば、知らない人にやたらと話しかけると警戒されたり、ヘンな人だと思われたりするかもしれないので、「触らぬ神にたたりなし（Let sleeping dogs lie.）」と、声をかけない可能性が高い。

でも、海外の多くの国では、同じ空間にいたらスモールトークを交わすのが当たり前で、**むしろ話しかけないで黙っているのは、無礼に当たる**くらいの感覚です。

　前述したように、ボクが大学生の頃、海外旅行をしていたとき、宿泊していたホステルには、ラウンジやダイニングなど、ゲストが共用できるスペースがよくありました。

　自分の予約した部屋やそういった共用のスペースに入る際、ボクは当初、日本でやるように、ほかの人と目を合わせないようにして、すっとその場に入り込みました。

　日本では当たり前のふるまいですが、誰とも話さず、そっと静かにしていると、「ヘンなヤツ（weirdo）」と思われたのか、もう少しポジティブに見積もっても「introvert（内向的）」と思われたのか、**声をかけてもらえなかった**のです。

　目があったら必ず、「Hi, what's your name?（やあ、名前はなに？）」「This is the first time for us to meet, isn't it?（会うのははじめてだよね？）」「How long have you been staying here?（いつからここに泊まっているの？）」「Where did you come from?（どこからきたの？）」と、声をかけ合うのが礼儀のようなもの。そのことに、あとから気づいたのです。

　軽くスモールトークをして、相手がさほどフレンドリーでなければ、そこで会話を終わらせる。逆に話がはずむようだったら、「Do you know any good restaurants around here?（このへんで美味しいお店、知ってる？）」などと会話を広げて、一緒に遊びに行ったりしていました。

　北欧などでは、見知らぬ他人と積極的に関わることを好まない地域もあります。とはいえ、とりあえずは、**目があったらニッコリ笑**

い、ひと言、ふた言の会話をするのは、当たり前だと知っておいてください。

　ここでは、先ほどお話ししたカフェの例以外に、見知らぬ人とよく会話する場面での会話例を紹介しましょう。

　●TAROSAC式コミュ力爆上がり万能フレーズ
　◉スーパーのレジに並んでいるとき

It seems like you will be busy tonight. What are you cooking?

（なんだか今夜は〔たくさんの料理で〕忙しそうですね。なにをつくるんですか？）

　◉エレベーターに乗り合わせたとき

Such a bad weather outside, isn't it?

（外は本当にひどい天気ですね）

アイコンタクトの2つのポイント
Two points of eye contact.

　外国人が日本人と話をしていて、不思議に思ったり不快に思ったりするいちばんの行動が、「アイコンタクトをしない（not making eye contact）」ことだといわれています。

　よく知られているように、海外ではコミュニケーションをとるときに、相手の目を見るのは基本です。

　アイコンタクトをすることで、「あなたの話を聞いていますよ（I'm listening to you.）」「あなたと話していますよ（I'm talking to you.）」と示します。

PART
1

英会話は
"コミュ力"が9割

PART
2

読み書きができなくても大丈夫
まずは"話す力"

PART
3

英会話が苦手な人がハマり
がちな 英語のワナトップ5

PART
4

英語嫌い&40代からの
すごい英語勉強法

PART
5

英会話上達は
インプット3割：アウトプット7割

相手の目を見ずに視線をそらしたりするのは、「あなたに興味がない（I'm not interested in you.）」「あなたの話がつまらない（You're boring.）」というメッセージを与えるようなものです。

しかし日本では、逆に「相手の目をじっと見るのは失礼（It's rude to stare at someone's eyes.）」と教えられたりしますよね。

面と向かって話をするときは、「相手のアゴやネクタイの結び目を見る（Look at their chin or at the knot of their tie.）」などと教えられた人も少なくないのでは？

もしかしたら、英語で話すのが照れくさくて、つい目をそらしがちになる人もいるのかもしれません。

でも、しっかりと相手の目を見て話をすることで、相手もあなたが、なにかを一生懸命伝えようとしていると感じて、真剣に理解しようとしてくれるはず。

ただし、無表情でじっと見つめるのは、さすがに怖い印象を与えます。ふだんより、**継続的なアイコンタクトを意識する（try to keep having a continuous eye contact）**。そして、**目があったらニッコリほほ笑む（give a smile when you look at each other）**といいでしょう。

発音を気にするより最後まで大きな声で話す

It is more effective to speak louder till the end rather than to worry about pronunciation.

ボクのYouTubeチャンネルでは、「コテコテのジャパニーズアクセントで話しても外国人に通じるかどうか」をテーマにして、外国人にインタビューした動画が何本かあります。

結論からいうと、**コミュニケーションをとろうとするとき、アク**

セントは気にしすぎなくても大丈夫でした。

とくに都市部に住む人（住んでいた人・育った人）は、さまざまなアクセントに慣れていますし、多様性を受け入れる気持ちがあるので、理解しようとしてくれます。

むしろ、**少し特徴のあるアクセントのほうが「イカしてる（That's cool.）」「セクシー（That's sexy!）」**と感じる人も少なくないようです。

もちろん、できるだけネイティブの発音に近づけようとするのは、よりスムーズなコミュニケーションをとるために大切です。ボクもネイティブの発音を徹底的にマネして、体に染み込ませてきたつもりです。

でもボクは、発音することにとらわれるよりも、**語尾まではっきりと大きな声で話す（speak loudly and clearly till the end of a sentence）ことのほうが効果的**だと思います。

以前のボクもそうでしたが、話す内容や発音に自信がないと、どんどん声が小さくなり、それが相手に伝わらない原因になることが多いです。

同じ非ネイティブでも、フランス人やイタリア人だと、自分のいうことが相手にわかってもらえないと、フランス語やイタリア語のアクセントのまま、どんどん声が大きくなり、最終的にわかってもらうまで、大きな声で話すという傾向があります。

よりよいコミュニケーションのためには、アクセントを気にしすぎるより、**とにかくはっきりと最後まで大きな声で話すことを心がけるべき**です。

禁断の「F」ワード、「S」ワードも "使い方次第"で会話のスパイスに

The forbidden "F" and "S" words can spice up your conversation, depending on how you use them.

　基本的に英語で外国人とコミュニケーションをとる際、「Fワード（fuck）」や「Sワード（shit）」は使う必要のないものです。

　でも、親しい間柄の友人や仕事の同僚との会話であれば、場面によっては"スパイス的"に使うことによって、日本語の「今日はクソ寒いね（It's fucking cold.）」「めっちゃイケてる（Fuckin' hot.）」などのように、会話をおもしろくし、親近感を感じさせてくれる役割を果たします。

　ボク自身は、中高生の頃に見ていた音楽専門テレビチャンネル「MTV」などの影響で、ミュージシャンなどがよく使う「Fワード（fuck）」や「Sワード（shit）」などの、いわゆる"下品な言葉"（dirty words）を使うのに、なんとなく憧れていたところがあります。

　そして実際に、バックパックを背負って海外旅行に出かけたときや、海外で働きながら勉強できる「ワーキングホリデー」での滞在中、出会ったネイティブのマネをしてたくさん使ってみたのです。

　もちろん、最初のうちは、使い方が微妙にズレていたのか、苦い顔をされることもしょっちゅうありました。

　それは、使うべき場面と、使ってはいけない場面を理解していなかったから。それでも、失敗することに意義があると感じていましたから、失敗を通じて、"活きた使い方"を学ぶことができました。

　そして、時間をかけてニュアンスを理解できるようになって、はじめて「おもしろい人」のレベルが上がった気がします。

そこで、カンタンに「Fワード（fuck）」と「Sワード（shit）」について説明しましょう。

●Fワード（fuck）

「fucking 〜」というのは、基本的に「very（とても）＝強調する」の"汚いバージョン"といえます。

たとえば、

●It's fucking hot today.（今日めっちゃ暑いね）

ボクはこの言葉を、仕事中にも連発してボスに困った顔をされたのを覚えています（苦笑）。

友だちとナイトクラブにいるときにかわいい子を見つけて、

●Hey, look at the girl!　She's fucking hot.

（おい見てくれよ！　彼女めっちゃ美人じゃない？）

などは、よく使われる代表的な例でしょう。

また「Fucking hell!」（なんてこった！）や「Fuck me!」（驚いたときに使う）などもあります。

一方、手の甲を相手に向けて中指を立て「Fuck you.」という光景を、ドラマや映画で一度は見たことがあるのではないでしょうか。

「Fuck you.」（うせろ）は、とてもアグレッシブな言葉なので、よほどのことがない限り、使わないほうがいいです。ただ、親しい友だちとの会話で、こんなふうにフランクな使い方をすることもあります。

●I'm going to cook lunch for us because you seem like a person who cannot cook at all.

（お前は料理がヘタそうだから、昼ご飯は俺がつくるよ〔笑〕）

これに対して

Hey, fuck you bro.（ふざけんなよ〔笑〕）

と返したりするケースです。

● Sワード（shit）

「Shit.（くそっ、しまった）」

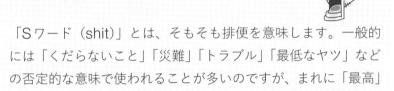

「Sワード（shit）」とは、そもそも排便を意味します。一般的には「くだらないこと」「災難」「トラブル」「最低なヤツ」などの否定的な意味で使われることが多いのですが、まれに「最高」の意味でも使われることがあります。

● **No shit!**（マジ？　本気？）

● **My manager doesn't pay me on time.**

（店長が約束通りに給料を払ってくれないんだ）

　That's shit!（最低じゃん！）

● **How was your weekend?**（週末どうだった？）

　It was pretty shit because I and my partner started arguing and haven't had a chat since then.

（クソだったよ。パートナーとけんかしてから話してないんだ）

「Sワード（shit）」は、「Fワード（fuck）」ほどNG感はありません。

　でも、やはり最初のうちは、使う場面を慎重に選んだほうがいいでしょう。

人間関係を一歩深める中学レベルの英文法

Junior High School level English grammar for deepening relationships.

　英会話のコミュニケーションのレベルを上げるため、大切なことの1つに **"中学レベルの英文法"** があります。

　ほしいものを買ったり、目的地までの道順を教えてもらったりするくらいなら、英単語を並べたてるだけでも、最低限の話は通じるでしょう。

　でも、人間関係を深めるためには、やはり英文法の基礎を踏まえた会話ができたほうがいいです。

　たとえば、比較の表現の1つに、同じレベルを表す「as~as」があります。

「as~as」を知っていれば、同じレベルを表すだけでなく、日常生活のあらゆるシーンでたくさんの表現をすることができます。

John is as tall as Mary.
（ジョンはメアリーと同じくらいの身長だ）
I will be there as soon as possible.（できるだけ早く行く）
Give me as much water as you can.
（できるだけたくさん、水をちょうだい）

　一度でも英会話の習得に挫折しそうになったり、実際に挫折したりしたことがある人は、中学レベルの英単語や英文法を押さえているでしょうか？

　14～15ページで触れた通り、食材がなければ料理ができないように、最低限の英単語や英文法がなければ英会話はできません。

　さらに、その英単語や英文法を積極的に使わないと、英会話は上

達しません。サッカーでもそうですが、ミニゲームなどの実践練習をすっ飛ばして、試合で活躍できるようにはならないのです。

ボクにも浪人時代、**英単語と英文法の知識を習得していくのと比例して、伝えたいことが幅広く表現できるようになった**という実体験があります。

だからといって高度な英文法など必要ありません。Part4で紹介するものだけでいいので、とにかく基礎的な英文法は、できるだけ早く身につけましょう。

"中身のない話"をあえて盛り込む
Dare to Include a "silly story".

英会話力を伸ばすために、いますぐカンタンにできることが1つあります。

それは、もし言葉に詰まったり、スモールトークで相手への質問が途切れてしまったときに備えて、あえて**「くだらない（foolish talk）」**と思うような"中身のない話"を用意しておくことです。

「なんかいいことをいわなきゃ（I have to say something nice.）」とか「英語がちゃんと話せると思われたい（I want people to think I can speak English well.）」などと自分にプレッシャーをかけがちです。

ところが、そうすると身構えてしまい、リラックスして楽しい会話をすることができなくなります。

「あ〜、話が盛り上がらなかった（Oh, the conversation didn't go well.）」と思うと、英語の会話に対して苦手意識が残ってしまうでしょう。

　そんなときは、「正しい文章で話さなくちゃ（I have to speak correct English.）」「おもしろいと思ってもらいたい（I hope people will enjoy talking with me.）」などという気持ちを忘れて、「I just want to go home and have beer today.（今日はもう、帰ってビール飲みたいな）」「What's with that cloud, doesn't it look like an octopus?（なんか、あの雲、タコみたいじゃない？）」「That dog looks just like the one I used to have!（あの犬、昔飼ってた犬にそっくり！）」などと、**どうでもいいようなことを口にしてみる**のです。

　別に結論がなくてもかまいません。“中身のない話”を会話のクッションとして挟めばいいのです。

　実際、ボクも同僚との雑談で、「昨日食べたサンドイッチの具がさ〜（The filling of the sandwich I had yesterday was〜）」などという、どうでもいいような話を何度も聞かされたことがあります。

　日本人、とくに男性は“結論のある話”をしたがり、どこに行き着くかわからない話を嫌う傾向があります。

　でも、そんなときは「Then what?（それで？）」のように相づちを入れたり、「Sandwich reminds me of〜（サンドイッチで思い出したんだけどさ〜）」のように、思いついた話をしてみればいいのです。

　ボクはよく、「What do you watch on Netflix?（ネットフリックスでなに見てる？）」とか、「How should I spend next vacation?（次の休みどうしようかな？）」などといった話を挟みます。

　そもそも、「話がヘタだと思われたらどうしよう（What should I do if they think I'm not a good speaker?）」というのは、「相手にどう思われるか（What will the other person think of me?）」

ということを気にしすぎて、自意識過剰な状態ともいえます。

そこには、コミュニケーションで大切な「①相手のことを考える力」（22ページ参照）が抜け落ちているでしょう。

それほど親しくない相手と会話をするときは、壁をとり払い、打ち解けることが大事。相手を楽しませようと思ったら、ちょっとした雑談が大きな力を発揮します。

話に結論なんてなくていいし、とりあえずその場の空気をなごませたら、その話題はサッと切り上げてもいいのです。

あえて**「くだらない話をしてみる（Try to talk dumb things.）」**ことで、相手との距離を縮め、英語をもっと自然に、力まずに話す力が伸びていくのです。

ただ、ここで1つだけ気をつけたいのが、いくら"中身のない話"といっても、日本のお笑い芸人さんが笑いをとるために誰かを「イジる」ようなことは、海外の文化にはなじまないという点です。

日本では、愛情を込めてちょっとからかったりするのが、コミュニケーションの1つとされ、ユーモアがあると思われる傾向にあります。しかし、海外では基本的に人をからかったり、冗談でもバカにしたりすることは、ボクの知る限りほとんどないです。

とくに男性が女性に対してからかうのは皆無なので、気をつけたほうがいいでしょう。

ただし、例外的に男性同士の親しい間柄であれば、冗談交じりで「寝ぼけてそうだからコーヒーおごってあげるよ（I'll buy you coffee because you seem to be half asleep.）」などということもあります。

もちろん、女性同士がお互いにからかうことも、親しい間だったらあるとは思います。でも、ボクはあまり耳にしたことがないので、関係を深めるためにわざわざからかう必要はないでしょう。

会話のコツは「連想ゲーム」だと考えよう

Think of conversation as an "association game".

　会話のテンプレートを使って、シンプルなフレーズをくり返し練習する。

　そうすることで、口からフレーズがスムーズに出やすくなり、英語の反射神経がグッとアップします。

　そして、ときにはあえて「くだらない話」をするのも、相手との距離を縮めるのに役立つでしょう。

　もう1つ、さらに意識すると話がはずむようになるのが、**会話は「連想ゲーム（association game）」**だということです。

　たとえば、「Sushi restaurant called "○○" was delicious!（○○という寿司レストランが美味しかった）」という話題になったとしましょう。

　相手の話を聞き、リアクションをしたら「Speaking of restaurants, the Thai restaurant at △△△ was excellent. Oh, are you okay with spicy food?（レストランといえば△△△にあるタイ料理レストラン、めっちゃ美味しかったよ。あ、辛いもの大丈夫なんだっけ？）」と、**そのトピックから連想できる話題に広げていきます。**

　また、「Last weekend, I played soccer, but it was so hot I almost collapsed.（先週末は、サッカーをしたけど、暑すぎて倒れそうだった）」と相手がいったとしましょう。

　そして、「If you push yourself too hard, you'll get heat stroke.（あんまりムリすると熱中症になるからね）」と返して、その話題が落ち着いたとします。

72

そうしたら会話の連想ゲームをして、たとえば「By the way, the Premier League has started, have you watched any games?（ところで、〔サッカーの〕プレミアリーグがはじまったけど見た？）」とつなげてみます。

こうして話をつないでいくと、違和感がなく自然に話がはずみます。ただし、**なにか思いついたからといって、相手の話をさえぎってまで自分が話しはじめないこと。**これは、けっこう大切です。「①相手のことを考える力」「②準備する力」「③リアクションする力」を十分発揮したあとで、「So, if you say……（そういえば……)」のように、連想した話題に切り替えていきます。

そこで、相手の話が終わったころに、思いついた自分の話をするときに使えるフレーズを紹介しましょう。

> ●TAROSAC式コミュ力爆上がり万能フレーズ
> ●〜といえば　Speaking of~ / Talking of~
> ●それで〜を、思い出したけど　That reminds me of ~
> ●話を切り替える。ところでさ　By the way,~

タロサック流「おもしろい英語」の話し方

TAROSAC's way of building interesting English conversations.

ボクのYouTubeチャンネルの視聴者から、よく「初対面の外国人と、なぜそんなに盛り上がれるんですか？（How can you get so excited with a foreigner you have never met before?)」「どうしたら、あんなにみんなを笑わせられるんですか？（How can you make everyone laugh like that?)」などと聞かれます。

　しかし、おもしろい話をするのは、日本語でもむずかしいですよね？　それが「英語で」となれば、相当にハードルが高いはずです。

　実際のところ、ボクは芸人さんのように人を笑わせようとしているわけではなく、**「みんなに楽しんでもらおう」としているだけ**なのです。

　あらためて指摘すると、ボクが考えるコミュ力が高い人とは、次の3つを備えている人です。

　　①相手のことを考える力（ability to think about others）
　　②準備する力（ability to prepare）
　　③リアクションする力（ability to react）

　この3つを意識するだけでも、会話は相当盛り上がるはずですし、相手と長期的にいい関係を築くことができるでしょう。

　この3つに加えて、もっと会話が楽しくなるように、ボクが英会話をするときに心がけていることが、さらに3つあります。

　　①意識してほめる（conscious praise）
　　②全員に話をふる（talk to all of them）
　　③相手と意見が違っても最初はポジティブに返答する
　　（reply positively at first, even if you disagree with them）

　ボクは、どんな人と話をするときでも、会話のスタート段階から、「お姉さん素敵ですね（You are looking good.）」「お兄さんの帽子、カッコいいですね（Your cap is cool.）」などと、まずなにか1つ、**ささいなことでいいのでほめます。**

「よく知らない相手をほめるのはむずかしい（It's hard to give a compliment to strangers.）」と思うかもしれませんが、その場で目についたことをサラッとひと言、ほめればいいだけ。

「なにをほめるか」よりも「相手をほめた」ということ自体がポイントです。

ほめられてうれしくない人はいませんから、その場の空気が温まり、お互いに好意的に会話をはじめることができるのです。

さらに相手が複数いるとしたら、全員に話をふることも大切です。

数人いるなかで、誰か1人と話が盛り上がっても、**必ず「お姉さんはどう思う？（What do you think of this?）」**などと、1人ずつ全員に意見を聞きます。

会話にとり残された人がいると、その場の雰囲気が微妙に冷えますし、その人に楽しんでもらえていないことになります。

全員に目を配ることを心がけ、タイミングを見計らって、発言していない人に話しかけましょう。

そして、たとえ相手と意見が違っても、最初はポジティブに返答するということも大事です。

たとえば、「『トップガン マーヴェリック』を見たよ、スッゲーおもしろかった！（I watched Top Gun: Maverick in a theater the other day, It was so exciting!）」と相手がいったとしましょう。

そのとき、もっとおもしろいと思う別の映画があるとしても、「それよりも『ジュラシック・ワールド 新たなる支配者』のほうがいいよ（I think Jurassic World Dominion is so much better for sure.）」などと**自分の意見をゴリ押ししたり、「そうは思わない（I don't think so.）」と相手の話を頭から否定したりしないこと。**

「そうだね、主役のトム・クルーズは、カッコいいよね（Yeah, the main actor Tom Cruise is really cool in the film.）」とか「音楽がいいよね（I like its soundtrack.）」などと、まずは同意してから「『ジュラシック・ワールド 新たなる支配者』も見ごたえあるよ（Jurassic World Dominion is also a good one to watch.）」というように、**自分の意見もさらっと伝えます。**

　話をする相手と自分の好みが、毎度ピッタリ合うことなどないはず。いちいち、否定から入ったり、自分の意見ばかり主張していては、会話がギクシャクしてしまいます。

　自分の考えをいうにしても、まずは相手の話を受け止めることを優先しましょう。

　この3つを意識すれば、会話はスムーズに運ぶようになりますし、笑いが絶えないおもしろい会話になるはずです。

国によって違う？
"ヤバい言葉"の使い方

How bad words are accepted differs from one country to another.

　同じ英語圏でも、「Fワード (fuck)」や「Sワード (shit)」などのヤバい言葉の扱いは、実は微妙に異なっています。

　たとえば、アメリカでは「Fワード (fuck)」や「Sワード (shit)」は、汚い言葉とされて、使うと家族などから注意されることが多いようです。

　でも、イギリスやオーストラリアでは、比較的寛大に受け止められるようなのです。こんな例があります。

　2021年に開催された東京オリンピックの女子100メートル背泳ぎで、オーストラリアのケーリー・マキオン選手が金メダルを獲得しました。

　テレビのインタビューで金メダルを獲得した気持ちを「（大変な時期を乗り越えたことを知っている）姉妹や母に、いま、なんといいますか？（What would you like to say to your sister and mom now?）」と聞かれ、マキオン選手は、「**Fuck yeah!（やった！）**」とFワードを叫んだあと、そのことに気づいて「**Oh shit!（ヤバッ！）**」といって笑っていました。

　もしこれがアメリカで起きたら、「**いまのは使ってはいけない言葉でしたね（That was a bad expression to use.）**」などとアナウンサーが弁明するかもしれません。しかし、オーストラリアでは、「なんともオーストラリアらしい、回答でしたね（That was a very Australian response.）」というだけ。笑いのネタになったくらいで見逃されたのです。

　また、このやりとりがあとで放送されるときも、オーストラリアでは「Fワード (fuck)」は、さすがに消してありましたが、「Sワード (shit)」はそのまま放送されていたのです。

Skypeのビデオ通話で
英語力を引き上げる
Boosted my English with free video calls on Skype.

　大学受験に失敗した浪人時代、音楽系のSNS「MySpace」
（https://myspace.com/）が、ボクの英会話力をグンと高めてく
れました。

　いまはTwitter、Facebook、InstagramなどのSNSが主流になっ
ているので、MySpaceの存在自体を知らない人も多いと思います。

　ボクは中学・高校とサッカー部に所属していたこともあり、浪人時
代も息抜きに海外プロリーグのサッカーの試合を見ては、「ベッカム、
カッコいい！」などと憧れていました。

　その一方で、当時たまたま実家で加入していた有料放送の「スカパ
ー！」で見た、イギリス出身のロックバンド「OASIS」の音楽性に衝
撃を受け、海外文化への興味が深まるばかりでした。

　まだTwitter、Facebook 、Instagramなどはメジャーになってい
ませんでしたが、音声や動画のファイルを公開するSNSがあり、それ
がMySpaceだったのです。

　ボクはMySpaceで海外アーティストの音楽を聴くのが、浪人生活
の楽しみの1つになっていたのです。

　そのMySpaceを通じて、ある日突然、バルト3国の1つであるリト
アニアの学生、YOLA（ヨラ）ちゃんから英語で、「**I am interested
in Japanese music and culture, let's have a talk.（私は日本
の音楽や文化に興味があります。もしよかったらお話ししましょう）**」
とダイレクトメッセージをもらったのです。

　外国人の姿などほとんど見かけることのない田舎に住んでいたボク
は、「インターネットを通じて、海外の人と交流することができるん

だ！」と衝撃を受けました。

　これをきっかけに、YOLAちゃんと最初は"つたない英語"で、やりとりをするようになったのです。

　そんなある日、YOLAちゃんに「**Would you like to talk on Skype?（Skypeで話をしませんか？）**」と提案されました。

　ボクは当時、Skypeの存在さえ知らなかったのですが、「無料のビデオ通話で海外の人と話ができるなんて！（It's amazing to talk to people overseas via free video calls!）」と、これにも大きな衝撃を受けたのでした。

　このSkypeでのYOLAちゃんとのトークが、ボクの英語力を一気に引き上げたのです。

　そして、リトアニアの学校の授業が終わる頃、日本時間でいうと夜10～11時くらいに、ボクはその日の受験勉強を終え、YOLAちゃんとSkypeで英会話をするようになりました。

　いまふり返ると、「**What did you do today?（今日は、なにしてたの？）**」「**Who is your favorite musician?（好きなアーティストは誰？）**」などといった、たわいのないやりとりをしてばかりいました。

　でも、毎日のように英語を話す機会があることで、**昼間に受験勉強で学んだ英語を実践**できました。

　昼間覚えたことを夜、実際に使ってみると「これはこういうふうに使えばいいんだ！」と理解度が深まるので、ペーパー試験である受験勉強にも役立ったのです。

　YOLAちゃんとのSkypeのビデオ通話は、基礎練習のような昼間の受験勉強を実践する"練習試合"の役割を果たしてくれました。

　また、「今日はこんなことを話してみようかな」と準備をしたり、YOLAちゃんとの英会話のシミュレーションをしたりするようになったことで、**少しずつ英語をアウトプット**することに"**場慣れ**"していく効果も得られました。

　そうこうしているうちにSkypeを通じて、リトアニアのYOLAちゃん以外にもアメリカ人やブラジル人など、さまざまな国の友人ができました。

　そして最初のうちは、準備した会話以外は、「Oh, yeah.（おー、そうなんだ）」と相づちをうつくらいだったのですが、だんだんとその場で思いついた自分の考えを英語で伝えられるようになっていきました。

　なにより、**英語で会話をすることにハマっていった**のです。

BAKA★PERA

PART 3

"英会話が苦手な人"が ハマりがちな"英語のワナ" トップ5

Top 5 traps that people who are not confident in English conversation tend to get stuck in.

日本人がハマりがちな"英語のワナ"TOP5
Top 5 reasons why Japanese are not good at English conversation.

　なぜ多くの人が何年も英語を学んでいるにもかかわらず、英語が話せないのか？　その理由を知り"反面教師"（bad example）にすることによって、英会話の上達が加速します。

　ボクが考える代表的なワナは、次の5つです。TOP5からTOP1までのカウントダウン形式で、順番に説明しましょう。

TOP5
インプット10割の勉強で"英語バカ"になる
"Inputting only" doesn't take you anywhere.

　「自分は英語の才能がない（I'm not good at learning English.）」なんて思っている多くの人にお伝えしたいのが、**英語が話せないのは、"あなたのせいではない"（It's not your fault that you can't speak English.）**ということ。

　これまで「英語を話せるようになる（speak English）」ための、効率的で効果的な学び方をしてこなかっただけです。

　ほとんどの人は中学・高校で、6年間は英語を学びます。それだけ長期間勉強したのに話せない。だから「自分には英語の才能がない」と考えるのもムリはありません。

　でも、考えてみてください。学校で学ぶ英語は、ペーパーテストで点数をとって入試に合格するためのもので「英語を話せるようになるための勉強（To learn to speak English.）」ではありません。

ペーパーテストをパスするため、ひたすら英単語や英文法をインプットする。

その "インプットほぼ10割" の勉強が、「英語の壁」を生み出している。これが多くの日本人が英会話を苦手とする最も大きな理由ではないでしょうか？

「インプット3割：アウトプット7割」を心がけることで、最も効率的な学習効果が得られるます。

ボク自身も、アウトプットの割合を積極的に増やしたからこそ、英会話力が爆速で伸びていきました。

多くの人は、英単語や英文法をインプットして、ペーパーテストにアウトプットする勉強しかやってこなかった。勉強机にかじりついての「インプット10割」で、一生懸命、暗記しようとしても、とても効率が悪いのです。

どれだけ頭で学んでも、**実際に体を使って「会話する」という実践を経験しなければ、自分のものとして身につけて、使いこなすことはできない**でしょう。

もちろん、英語でのコミュニケーションを通じて人間関係を深めていこうとするときは、知っておくべき英単語や英文法があります。

片言の英語でも、話は通じるかもしれませんが、その先にある、もうちょっと深いやりとりはできないでしょう。

英単語や英文法を、どの程度知っておくべきかは、次のPart4で詳しくお伝えします。ここではまず、英語が話せないのは、ペーパーテストのためのインプットばかりの勉強をしてきたからだということを踏まえておいてください。

あなたに才能がないから英語が話せないわけではないのです。

TOP4
間違えることを気にしすぎる（発音・文法）
Too much worried about making mistakes (pronunciation and grammar).

「英語が話せない」2つめの大きなワナが、発音や文法などの間違いを気にしすぎてしまうことです。これにより、アウトプットの機会が極端に減ってしまいます。

たとえば、せっかくネイティブと会話する機会があったとしても、**「あれ、ここって "a" でいいんだっけ、"the" だっけ？（Oh, should I put "a" or "the" here?）」** などと考えていると、会話がなかなか進みません。

また「R」の巻き舌の発音が恥ずかしくて、口に出せない。そんなふうに発音や文法などを気にしすぎると、結局、アウトプットできずに終わることが多いはず。

しかし、いまのボクがいえるのは、**非ネイティブの英語は、たいてい間違いであふれている（Non-native English is usually full of mistakes.）** ということ。それでも堂々といいたいことを伝えようとしている。

英会話の正解は、相手に「伝わる」ことです。そもそも、日本人が日本語を話すときでも、文法上正しい日本語を話しているかといえば、そうではないことのほうが多いはず。同じく英語でも、ネイティブスピーカーの文法や発音でさえ間違っていることは少なくありません。

ボクは、**文法でも発音でも、間違いを犯すことこそが上達の近道（Making mistakes is the shortcut to progress.）** だと考えています。ボク自身、たくさん話して、たくさん間違ってきました。

たとえば「literally」という単語があります。本来は「文字通り」を意味しますが、ネイティブは「マジで」「ガチで」という意味で使うことが多く、ボクは「なんだかカッコいい（It's kind of cool.）」と思って、よく使うようにしていました。

するとネイティブスピーカーに「Literally？」とニヤニヤしてバカにされたり、「It's not right to use "Literally" there.（そこで使うのはおかしいよ）」と指摘されたりしました。

一方、日本人は「actually」をよく使う傾向があります。日本語でいうと「実際に」「実際のところ」といった意味でしょうか。ボクも「actually」を連発していた時期に、仕事のボスに「Why do you say "actually" there?（なんで、そこで"actually"なの？）」と**苦笑いされたことが何度もあります。**

ごく最近でもYouTubeでインタビューを撮影しているとき、「Lebanon（レバノン）」という国名を、ボクが間違えて「Levanon（レヴァノン）」と発音したのを、相手の男性が「Le/ba/non」と教えてくれたことがありました。

ときには、からかわれたり、おちょくられたりして、悔しい思いをすることもあります。でも、そんな場面は、長い人生のうちのほんの一瞬ですし、成長へのステップだと思い直せば、悔しさもどこかへ飛んでいきます。

また、**悔しいと感じるからこそ、次から気をつけようと思う**でしょう。そうして間違いを恐れずに話すことで、より精度の高い英語が身についていくのです。

当時は悔しい思いや恥ずかしい思いをたくさんしたボクですが、いまではそうしてボクの間違いに突っ込んでくれた人たちに感謝しています。

TOP3 日本語をそのまま英訳しようとする

Translating Japanese directly to English.

　学校の英語の授業では、文法にのっとって英文を和訳したり、日本語の文章を英訳したりすることがありました。その影響が大きいからでしょう。英会話をするときも、**「思いついた日本語を英語に翻訳して話そう（Translating Japanese directly to English before speaking.）」** とする人が多いです。

　たとえば、「ボクは書籍を執筆した」といいたいとします。それをそのまま英訳しようとすると、「書籍はbookでいいけど、執筆ってwriteでいいのかな？」と詰まってしまいがちです。

　とはいえ、長年培ってきたクセを一瞬で変えることはできませんよね。では、どうしたらいいのか？

　日本語でなにかいいたいことを思いついたら**伝えたいことの本質はなにか？** 「3歳児に伝える（Talking to a 3 year old child.）」 **つもり**で考えてみるのです。

　すると「ボクは書籍を執筆した＝ボクは本を書いた」と、よりシンプルな日本語になり、すんなりと「I wrote a book.」が導かれるでしょう。

　もう1つ、例題です。今度は「彼女は脈ナシだな」といいたいとしましょう。

「3歳児に伝えるとしたら」と考えたら、「脈ナシ」という言葉は使わないはずですし、伝えたいことの本質をとらえれば、**「彼女はボクに興味がない」** となるでしょう。となれば、**「She is not interested in me.」** でも伝わるでしょう。

さらに「昨日、選挙の投票に行ってきた」といいたいとします。日本語から英語に訳そうとすると、「選挙？」「投票？」などの単語がわからなくて、ギブアップしてしまう人が多いかもしれません。

これも3歳児に伝えるのであれば、「選挙＝election」「投票＝vote」が頭に浮かばなくても、「**I went to a place to choose a politician.**（政治家を選ぶためにある場所に行ってきた）」でもいいですし、「**I went to a place to choose an important person for our country.**（私たちの国にとって重要な人を選ぶためにある場所に行ってきた）」でもいいでしょう。

いずれも実際の3歳児にはむずかしい表現かもしれませんが、よりシンプルな表現にするための発想法として考えてみてください。

ときどき、「知的レベルが高い」と思われたいのか、一生懸命にむずかしい単語を使ったいい回しをしようとする人がいます。でも、前述したようにネイティブスピーカーの日常会話の85％は1000語程度のカンタンな単語で組み立てられています。

さらに、非ネイティブとコミュニケーションをとるのであれば、あえてシンプルな言葉を選ぶのが、相手への思いやりですし、お互いに理解しやすいはず。**常にシンプルな表現をしようとしていると、「日本語➡英語」に変換する時間が短縮され、いずれ日本語を介さずに英語がスムーズに出てくるようになります。**

ボクの場合、いいたいことや状況などをできるだけカンタンなイメージで思い浮かべ、それを表す英語で話すことをくり返した結果、日本語を思い浮かべなくてもサッと英語が出てくる「英語脳」に変わりました。

日本語で文章を思い浮かべてしまう「翻訳グセ」で困っている人は、まずはできるだけシンプルな表現を心がけてみるのがいいでしょう。

simple is BEST

TOP2 アウトプットを恥ずかしがる

Outputing is nothing to be ashamed of.

英会話上達の最大の方法は、何度も失敗しながら、失敗に学ぶこと。**「失敗する姿を見られるのが恥ずかしいからやらない（I don't do it because I feel embarrassed for people to see me fail.）」**と考えていては、いつまでたっても上達しないでしょう。

どんなことでも「うまくなろう」と練習している人に対して、「ここをこうすればいいんじゃない？（Why don't you do it like this?）」などとアドバイスする人はいるとしても、そのことを笑う人はいないはずです。

もし、いたとしても、まわりの人は笑った人のほうをおかしな目でみるでしょう。

もしかしたら、英単語や英文法の知識をネイティブ並みに身につければ、会話力も高まると考えている人がいるかもしれません。

でも、実際に話さないことには英会話の筋力は鍛えられません。練習しないでうまくなることはないのです（You can't get better without practicing!）。

できないなら、練習するしかありません。**間違いながらアウトプットする（outputting with making mistakes）。それは、決して恥ずかしいことではないのです。**

TOP1 英語のやり直しはもう遅いと考える

Thinking it's too late to start over learning English.

　ボクはよく、「もう○○歳ですが、これから英語をやり直すのは遅いですよね？（I'm ○○ years old now. Is it too late to start over learning English now?）」という相談を受けます。

　英語を話せるようになるには、若ければ若いほど、早ければ早いほど有利なのは事実かもしれません。それでも、ボクは英会話力を高めるのに、年齢はまったく関係ないと思っています。

　大切なのは、**英会話体得の本質を理解して、爆速で上達する方法に食らいつく**ことです。

　一般的には、年齢を重ねると脳の機能は低下すると考えられています。しかし、記憶力日本選手権大会で、10〜20代の参加者を抑えて、40代、50代の出場者が連続優勝したり、69歳で司法試験に合格したりする人もいます。

　ボクが運営するオンライン英会話でも、40代、50代のメンバーは数多く、**最高齢はなんと72歳です。**年齢に関係なく、スタート地点から大幅な進歩を遂げているのです。

　たとえ10代、20代であっても、やらなければ上達はありません。次のPARTから**タロサック流の効率を最大化して最速で英語が話せるようになる方法（the most efficient way of learning English）」**を学ぶことで、年齢に関係なく、誰でも英語は話せるようになるでしょう。

　誰にとっても、いまがいちばん若いときです。「もう手遅れかも」などと思っている人こそ、ぜひチャレンジしましょう！

いつからネイティブ並みに
話せるようになったのか?

When did you learn to speak like a native speaker?

　ボクのYouTubeチャンネルには、よく「タロサックさんは、いつからそれほど英語が話せるようになったのですか?(Since when can you speak so well?)」という質問をいただきます。

　その質問に対するボクの答えは、**「自分では気づかないくらい少しずつ、ステップアップしていった(My English improved little by little without my realizing it.)」**ということです。

　英会話力を身につけるのは、"スポーツの上達"と似ています。

　ボクが大学受験に失敗し、浪人時代に身につけた基礎的な英単語や英文法は、サッカーに例えると、知識として得た最低限のルール、パスやシュートのテクニックと同じようなものです。

　その基礎知識を得たうえで、ひたすら英会話という実践の機会を自らつくり出してきたのです。

　それはSkypeのビデオ通話であったり、ネイティブスピーカーとの交流の機会だったりしました。

　基礎練習と実践の両輪を回すのは、程度の差はあるものの、実は誰にでも、すぐにでもできることです。

　ボクも浪人時代に英単語と英文法という英語の基礎練習を積みつつ、英語ネイティブの発音やいい回しをマネしたり、わからない単語があれば調べたりしてきたのです。

　これは、パスやシュートの練習を積み重ねて、精度をあげながら試合に挑むのをくり返すのと同じです。ありきたりないい方ではあ

りますが、「常に学び、常にテクニックを磨いている」ということなのです。

そう考えながら続けることで、ふとした瞬間に**「あれ、前よりスムーズに話せるし、聞きとるのがラクになっているぞ！（I am surprised to find myself speaking English more fluently and listening to English more easily than before.）」**と気づきます。

多くの人は、運動系や文化系の部活に所属した経験があるのではないでしょうか？　そうした経験がなくても、ランニングや絵画などの趣味を持っているかもしれません。

そんな人は、試合や発表会があることによって目標ができて、地道な基礎練習や作品づくりを積極的に続けることができる面があるでしょう。

そして、**基礎練習を積み重ねることで、気づかぬうちにハレの舞台で発揮できる力がどんどん高まっていくのです。**

英会話も、それと同じです。基礎的な英単語や英文法を学んだら、実践してアウトプットしてみる。

そして、会話のなかで、知らない単語やカッコいいいい回しがあったら、それを調べて使ってみる。

間違いを指摘されたら、次から意識して正しく使うようにする。そのくり返しで、いつの間にか英会話力は底上げされ、気づいたら、英語の会話を楽しめるようになっているのです。

そこで、日本人があまり使わない、カンタンでネイティブっぽい表現をいくつか紹介しましょう。

●**TAROSAC式コミュ力爆上がり万能フレーズ**

●Thanks. Thank you. といわれたとき

　My pleasure.（どういたしまして）

●そんなのカンタンだよといいたいとき

　A piece of cake.（そんなのカンタンだよ）

●ハッキリとyes、noではいえないというとき

　It depends on ~.（～次第だね）

●どこへ行く、なにがしたいなどの決断を相手にまかせるとき

　It's up to you.（君次第だよ）

●なにかあったときのために準備している

　Just in case.（念のため）

途中でくじけてしまうのは
意志が弱いからではない

It's not because you lack a strong will that you can't keep the motivation of learning.

　多くの人が、「意志が弱くて、なかなか英会話が続けられない（I don't have a strong will to keep learning English conversation.）」と嘆きます。

　でもボクは、**意志の力に頼っていたら、どんなことでも続けるのはむずかしい**と思っています。

　たとえば、あなたがバーで外国人と話す機会があり、なかなかいいたいことが表現できなかったとしましょう。

　すると、次の日から「やっぱり英語が話せるに越したことはない（It's better to learn to speak English.）」と、英会話のモチベーションがグッと上がり、数日間は、英語学習のコンテンツばかり見

たりするかもしれません。

　でも、おそらく、日常の忙しさにまぎれて、だんだんヤル気がうせていくでしょう。たいていの場合、なんらかの理由で一時的にモチベーションが上がっても、またすぐ下がってしまいがちです。

　でも、そうしてくじけてしまうのは、あなたの意志が弱いからではありません。

　強い意志を持ってすれば、なにかを成し遂げられると思いがちですが、実は、**気持ちを奮い立たせようとすればするほど、ヤル気は消耗して減っていく（The more you try to motivate yourself, the more your motivation wears off and decreases.）** そうなのです。

　大切なのは、ムリなく実行できるように、日常生活に組み込むこと（Incorporate it into your daily life so that you can do it without difficulty.）。

　この本の目的は、英語を使って海外の人と上手にコミュニケーションをとれるようになり、自分の可能性を広げてもらうことです。だからこそ、単なるあいさつだけに終わらず、さらに一歩関係を深めていくきっかけを提供したい。

　そのためには、**この本に書いてあることを1つでも2つでも、日常生活にとり入れてほしい**のです。

　歯磨きなどと同じように日々の習慣としてとり入れることができれば、「今日は仕事で疲れたから（I'm tired from work today.）」などと理由をつけてやめることはなくなるでしょう。

　Part4以降では、「タロサック流 英会話上達の"鉄板メソッド"」として、とくに大切なアウトプットに関して、できることをたくさん紹介しています。

毎日数時間、スマホを手にSNSやYouTubeのバラエティコンテンツの視聴に費やしているのであれば、海外の有名人やアスリート、興味がある分野のインフルエンサーをフォローしてみましょう。

　その英語のコンテンツに自分の考えを英語でコメントしてみる、SNSで発信するなど「英会話力を高める行動」を日々、"仕組みとして実践"していけば、**3か月もすれば進歩が感じられます。**

　そして、自分の進歩を感じられることほどモチベーションを維持できる方法はないのです。

翻訳アプリがあれば、もう英会話力は必要ない？

With these translation apps, do we still need English conversation skills anymore?

　AI（人工知能）が発達して、Google翻訳やDeepL翻訳などの翻訳サービスの精度が高まってきました。

「Google翻訳を使えばどうにかなるだろう（I guess it will be okay with Google translate.）」と翻訳アプリの進化を頼りにする人もいるでしょう。

　たしかに、海外旅行などでは翻訳アプリを使えば、その場はしのげるかもしれません。しかし、仕事やプライベートのすべてをそうしたサービスに頼る生活というのは、いまのところ考えられません。

　それに英会話力を高めようという過程で得られることも多いです。英語を話す人の考え方や文化をまとめて体得することで、コミュ力が高まっていきます。

　自分でアウトプットした英語をふり返って、間違いに気づくことも英会話力アップには非常に役に立ちます。

　ボクは、「"which" の発音が "fich" になりがちだよ」といわれて自分の発音の悪いクセに気づいたことがありますし、「Why did you study abroad?（なぜ海外留学したの？）」というときに、「海外で」という意味の副詞「abroad」を名詞「海外」と混同してしまい、必要のないinという前置詞をつけてしまっていることがよくありました。それも指摘されて、はじめて気づいたのです。

　ボクはYouTubeチャンネルでも、発音や文法の間違いを指摘されることがありますが、それは直していけばいいこと。

　失敗を恐れずに、間違いながらもアウトプットし続けるのが、地道でありながら、実は最短で英会話力をアップする方法だと考えているのです。

英語も筋トレも
3か月で成果を実感できる

**As your muscle grows in 3 months,
your English can improve in 3 months.**

　大学受験に失敗して浪人生活をスタートしたばかりの頃は、先行きが不透明なこともあって、精神的にキツかったです。

　それまで勉強時間はほぼゼロだったのに、**朝9時から夜10時まで12時間以上、勉強する生活**に変わったのですから、肉体的にもキツかったです。

　浪人時代の自分の時間といえば、すべての勉強が終わったあとにMySpaceやSkypeで交流するくらい。それも、夜遅くなると翌日がつらいので、ほどほどにしなければなりません。

　好きなサッカーや音楽活動もできず、12時間以上勉強机にほぼ向かいっぱなしの生活は、肉体的にも疲れが蓄積しました。

　親に頭を下げて浪人生活を送らせてもらっている手前、絶対に合格しなければならないというプレッシャーも、当時のタロサック少年には大きくのしかかりました。

　次に落ちたら、就職するしかないという追い詰められた状況は、それまで経験したことがないくらいの重圧だったのです。

　同じ塾に通う浪人生たちは、ボクのように**偏差値38の大学（学部）に落ちたわけではなく、早稲田大や慶應義塾大、または医学部を目指している人たち**でした。

　現役で合格した大学があったものの、さらなる高みを目指して自分の意志で浪人している人たちが近くにいたのです。

　そんな人たちと模試の結果を比較されるストレスから、当初は「口内炎（mouth ulcer）」がたくさんできてしまいました。

しかし、そんな浪人生活も3か月ほどたつと、勉強の成果が少しずつ表れてきました。筋トレもダイエットも3か月ほど地道に続けると、成果を実感できるといわれますが、ボクの経験上、勉強にも同じことがいえます。

Skypeでの英会話も3か月くらい続けた頃から、上達を体感したのです。

　いまボクは筋トレをしていますが、筋トレも最初の1〜2か月は、なかなか見た目が変わりませんでした。そこは「やめてしまおうかな（Should I give up on this?）」という自分の気持ちとの戦いです。

　でも、3か月たつ頃になると、なんとなく体つきが変わってきたことを体感できるのです。

　そこまでたどり着ければシメたもの。自分の変化を感じることができると、**筋トレも英会話も続けることが楽しくなってくる**からです。

　be動詞すらわからなかったボクですが、午前中の英単語の暗記と午後の英文法のやり直しを3か月続けて、基礎が蓄積されたことによって、"英語の基礎体力（basic physical strength of English）"みたいなものがついた感じです。

　そこから受験勉強も、英会話の力も成果が得られるようになり、ボクは"英語の壁"を超えることができるようになっていったのです。

BAKA★PERA

PART
4

英語偏差値
38からの
"すごい英語勉強法"

TAROSAC's greatest English learning method.

「バカ★ペラ」基礎のインプット

Anyone can be fluent in English.

　ここからは、偏差値38からネイティブスピーカー並みに英語が話せるようになったタロサック流 英会話上達の "鉄板メソッド" を紹介していきましょう。

　重要なのはこれ。

★インプットと並行したアウトプット
Output parallel to input.

　まずは、基礎となるインプットから説明しましょう。ここでいうインプットとは、おもに英単語と英文法の学習のことです。

　中学・高校で6年間、英語を学んできた人であれば、ある程度の英単語や英文法は知っているはず。ボクは日常会話に必要な英単語は、1200語から1400語で十分と考えています。

　なぜなら、ネイティブスピーカーの日常会話の85％は、およそ1000の単語で成り立っているといわれるからです。

　覚える単語を増やすより、知っている単語を使って会話をすることのほうが、よほど英会話力を高めるためには役立ちます。

　日常の英会話に必要な単語を確実に身につけ、しっかりとした基礎固めをしていきましょう。

　ただ、いくら中学レベルの単語数で十分とはいえ、誰もが中学時代に学んだ英単語を覚えているとは限りません。

　一度、いまの自分がどのレベルにあるか、英単語の参考書を使って確認するといいでしょう。ここでは、英会話のレベル別に、オススメの参考書を紹介します。

●【初級編】

for elementary level

『わんわんの芋づる式図解英単語』（ソーテック社）

　英語からしばらく遠ざかっていたけれど、やり直したい。もしくは、英語に苦手意識があって、単語をあまり覚えていない。そんな人にオススメなのが、視覚的に英語を理解しやすいこの本です。

　使用頻度の高い単語のパーツについて説明し、こういう意味があるから、こんな単語に組み立てられているというのをイラスト入りで説明しています。

　たとえば「port（運ぶ）」であれば、「sup」がくっついて「support（下から運ぶ＝支える）」になる。「im」と組み合わせて「import（中に運ぶ＝輸入する）」など、「port（運ぶ）」に関連して覚えておくべき単語が紹介されているので、単語の暗記が苦手な人でもとっつきやすいはずです。

　日本人は、漢字の1つひとつの意味を知っているので、文字を見ればどういう意味か、なんとなくイメージできますよね。同じように英単語にも語源があり、それを知ることではじめて見たり聞いたりする単語でも、なんとなく意味が想像できるケースが少なくないのです。

『英単語ターゲット1200 改訂版』(旺文社)

中学レベル200語、高校基礎レベル1200語、そして熟語300語が収録されており、大学受験の基礎固めとして、多くの人に愛用されています。

日常会話に必要な単語は、ほぼ網羅されていると考えていいでしょう。

1つの単語につき、意味が1つだけとシンプルな構成になっているので、覚えやすいのが特徴です。基本的な単語が多いため、すでに知っているものも少なくないかもしれません。

でもその分、覚えていない単語があれば、しっかりと覚えていくことで、必要な単語が身につきます。先に紹介した『わんわんの芋づる式図解英単語』と併用してもいいでしょう。

●【中級編】
for intermediate level

『DUO 3.0』(アイシーピー)

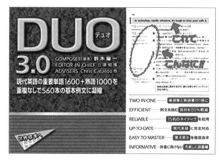

ボクが浪人生だったとき、受験勉強対策で愛用していたのが『DUO 3.0』です。カンタンな日常会話に不自由しなくなった人にオススメです。

単語だけ紹介しているのではなく、単語1600語と熟語1000語を、560本の例文にまとめています。

例文があることで、どういうニュアンスがあり、どのようなタイミングで使う語なのかがわかりやすくなっています。また、560本

の例文には、関連する単語も入っており、1本の例文を理解することで、複数の単語が覚えられる仕組みになっています。

ボクは浪人時代、**1日20ページをノルマとして、例文から単語を抜き出して書き出し、日本語の意味も書いて覚えていました。**

もちろん、20ページすべて終わる頃には、最初のほうの単語には忘れているものも出てきます。そのため、自分でテストをしながらすべてを覚えるまでくり返し、復習しました。

●【上級編】
for advanced level

『英語を英語で理解する 英英英単語 上級編』(ジャパンタイムズ)
『英語を英語で理解する 英英英単語 超上級編』(ジャパンタイムズ)

あえて上級者向けの単語の参考書もあげておくと、『英語を英語で理解する　英英英単語　上級編』『英語を英語で理解する　英英英単語　超上級編』の2冊。

どちらも英単語を英語で説明しており、英語のニュアンスをそのまま理解できるようになっています。

ただし、日常会話で使うというより、英検1級や国連英検などの難易度の高い試験対策用の英単語がほとんどです。ムリして使っても、ネイティブスピーカー以外は理解できない言葉が、多いかもしれません。

ハイレベルの試験合格を目指すような人には、オススメといえるでしょう。

（文法）最低限学んでおきたい
タロサック厳選"中学レベルの文法"

Learning Junior High School level English grammar is essential.

　ボクが大学受験に失敗して英語偏差値38だった頃は、英文法をまったく理解していなかったため、SkypeでのYOLAちゃんとのビデオ通話に慣れてきても、自分が思うようにスムーズにいかない場面がよくありました。

　リアルで会話する機会を得たときにも、「How are you?（調子はどう？）」と教科書通りにたずねることはできても、文法の知識がないために、応用して、たとえば共通の友人について **「How is he?（彼はどうしてる？）」** と聞くことさえできなかったのです。

「英文法」というと苦手意識を持つ人が少なくありません。それは「動名詞」「関係代名詞」など、漢字だらけの文法用語がむずかしく感じられるからではないでしょうか？

　でも英文法というのは、そもそもスポーツなどのルールと同じようなものです。英語を書いたり話したりするための"単なるルール"でしかありません。

　文法用語を必死に暗記するようなことをせず、どういうルールなのかを知っておけば、相手に理解されやすい順番で、英文を組み立てて会話をすることができます。

　また実は、英文法（ルール）は限られており、ボクの経験上では、**中学で学ぶ次の17項目を知っておけば、日常会話には困らないはず。** ぜひ参考にしてみてください。

（文法）知っておくべきはこれだけ！

English grammar you need to know.

　英文法を学ぶときに最も重要なポイントは、**1つひとつをしっかり理解するまで、次に進まない（Don't move on until you fully understand each item.）** ということです。

　なんとなく「わかったつもり」「できたつもり」で、次に進んでしまうと、結局やったはずなのに「わからない」「やっぱり自分はダメなんだ」と苦手意識が植えつけられてしまいがちです。

　とはいえ、学ぶべき英文法は、実はごくわずかです。

　ボクが考える、英会話上達のために身につけるべき文法は、次にお伝えするわずか17項目。どれも一度は聞いたことがある、学んだことがあるというものばかりのはずです。

　ただし、**この17項目だけは、ほかの人に説明できるくらい理解（Understand these 17 items enough to explain to others.）** しておきましょう。

　動詞であれば、「動詞には "be動詞" と "一般動詞" がある」➡「どんなときにbe動詞を使い、どんなときに一般動詞を使うのか」➡「一般動詞には "自動詞" と "他動詞" がある」➡「"自動詞" とはなんで、"他動詞" とはなんなのか、どんなときに使うのか」と説明できるくらい理解しておくべきです。

　こうした最低限の英語のルールがわかれば、たとえば、I wait for him.（私は彼を待っている）が、なぜI wait him.とはならないのか（waitは、主語と動詞の組み合わせで意味を表す自動詞だから）を理解できます。すると、

◎ **I wait for the train to arrive.** × **I wait the train to arrive.**

のように応用して考えることができるようになるでしょう。

　暗記したフレーズなども、しっかりとした英文法の基礎があってこそ、さまざまな場面で活用できるのです。

　自動詞とは、主語と動詞の組み合わせで意味を表す動詞です。go、fall、wait、happenなどは自動詞として用いられるのが一般的で、たとえば、I didn't go.（私は行かなかった）のように使います。

　他動詞は、He brings the dishes.（彼は料理を持ってきた）のように、名詞をあとに続けて意味を表す動詞であり、know、have、bring、like、findなどが、他動詞として使われます。

　この基礎的な17項目は、好きな順に学んで構いません。ただし、この本に書かれている順番で理解するのがスムーズなはずです。

■動詞（be動詞・一般動詞）

1. be動詞（be、am、are、is、was、were、been）

`ポイント` 主語とbe動詞の直後にある名詞や形容詞と「＝」の関係

I'm very happy now.（私はいまとても幸せ）

You are beautiful.（あなたは美しい）

Traveling overseas is great.（海外を旅するのは素晴らしい）

2. 一般動詞（be動詞以外の動詞、run、jump、talkなど）

`ポイント` 1つの文には1つの動詞

I save money.（貯金しています）

I study English for my future.

（将来のために英語を勉強しています）

He speaks English.（彼は英語を話します）

■一般動詞を含む、否定文・疑問文

3. 否定文

ポイント 動詞の前に「do not（does not）」をつける

I don't like vegetables.（私は野菜が好きじゃない）

You don't have to worry.（心配しなくて大丈夫）

She doesn't want to come to our party tonight.

（彼女は今夜のパーティーにきたくない）

be動詞の場合

be動詞（be、am、are、is、was、were）のあとに「not」をつける

I am not a single.（私は独身ではない）

He was not a good at cooking.（彼は料理がヘタだった）

ただしbeenの場合は、前に「not」を置く。

She has not been to Tokyo for while.

（彼女は東京にしばらく行っていない）

4. 疑問文

ポイント

①主語の前に「do（does）（did）」をつけて動詞を原形に

②疑問詞「who」「what」「which」「when」「where」「how」を使って、具体的な情報をたずねる

③経験の有無を聞く「Have you ever~」

Do you like watching soccer?（サッカー見るの好き？）

What is your favorite sport?（いちばん好きなスポーツはなに？）

Have you ever been to Japan before?

（日本に行ったことある？）

■時制（過去形・未来形・現在進行形・現在完了形）

5. 過去形

ポイント 動詞＋ed、もしくは不規則動詞の過去形

I cleaned my room this morning.（今朝部屋の掃除をした）

He already finished his work today.

（彼はすでに今日の仕事を終えた）

She came to the party with me.

（彼女はボクと一緒にパーティーにきた）

6. 未来形

ポイント「will（be going to）」＋ 動詞の原形

My sister will come here tomorrow.（明日、妹がここにくる）

Tonight I will ask her to go to the party with me.

（今夜彼女をそのパーティーにボクと一緒に行こうと誘う）

He is going to play baseball this afternoon.

（今日の午後、彼は野球をする）

7. 現在進行形

ポイント be動詞 ＋ 動詞ing

I am working now.（いま仕事中）

My dad is talking to someone outside.

（父はいま、外で誰かと話している）

He is playing the guitar in his room.

（彼は自分の部屋でギターをひいている）

8. 現在完了形

ポイント have（has）＋ 動詞の過去分詞　完了、継続、経験、結果を表す

They have submitted their assignment.

（彼らは課題を提出した）（完了）

I have been busy since last week.

（先週からずっと忙しい）（継続）

I have lived in Australia before.

（オーストラリアに住んでいたことがある）（経験）

■助動詞（will、can、may、should、must、had better、used to など）

9. 助動詞

ポイント 動詞の前に置き，文に意味を加える

I can help you do your assignment.

（君の課題を手伝うことができる）

He should study harder.（彼はもっと一生懸命勉強すべきだ）

I used to take her yoga lesson.

（私はよく、彼女のヨガのクラスに行っていた）

■不定詞

10. to不定詞

ポイント to + 動詞の原形　〜すること、〜するため、〜の結果などの意味がある

She likes to drink beer.（彼女はビールを飲むことが好きだ）

It is hard to overcome this problem.

（この問題を克服することはむずかしい）

I need advice to increase our profit.

（利益を上げるためのアドバイスが必要）

■動名詞

11. 動名詞

ポイント 動詞ingで、〜すること

William likes listening to music.

（ウィリアムは音楽を聴くことが好きだ）

Living on the pension is not easy. （年金暮らしは楽じゃない）

I remember going to school with you.

（君と学校に通っていたことをボクは覚えている）

■比較

12. 比較級

ポイント 比較するときは、形容詞や副詞を使う

I'm taller than him. （ボクは彼より背が高い）

He runs much faster than he used to.

（彼は以前よりも早く走る）

Australian McDonald's is more expensive than Japanese one.

（オーストラリアのマクドナルドは日本より高い）

13. as~as

ポイント 同等のレベルを表す。as~asを用いた定番フレーズには as~as possible（できるだけ～）、as~as any…（どの…にも劣らず～）、as~as ever（相変わらず～）、as far as …know（…が知る限り）などがある

She is as pretty as Mary. （彼女はメアリーと同じくらいカワイイ）

As far as I know, he is very nice.

（私の知る限り彼はとてもいい人だ）

Could you come to my house as soon as possible?

（できるだけ早くうちにこられますか？）

■関係代名詞(who、whose、whom、which、thatなど)

14. 関係代名詞

ポイント 名詞の後ろに置いて、名詞を説明するもの

I know the guy who came to the shop today.

(今日店にきたその男性を知っている)

He bought the magazine which came out this morning.

(彼は今朝発売されたばかりの雑誌を買った)

She knows someone whose father is a lawyer.

(彼女はお父さんが弁護士をしている知り合いがいる)

■関係副詞(where、when、why、how)

15. 関係副詞

ポイント 場所、時、理由、方法を表す言葉について説明するもの

That is the restaurant where I asked my wife to marry me.

(あれがボクが妻にプロポーズをしたレストラン)

I remember the day when I met you for the first time.

(君とはじめて出会った日のことを覚えている)

That's the reason why I like him. (それが彼を好きな理由だよ)

■名詞(可算名詞・不可算名詞)

16. 可算名詞・不可算名詞

ポイント 具体的で決まった形のあるものは数えられる可算名詞。形がないもの、抽象的なものは不可算名詞

There are five gyms in this city. (この街にはジムが5つある)

gym＝可算名詞

You need to drink a lot of water. (たくさん水を飲まないとだよ)

water＝不可算名詞

You can search information about this facility on the

website.（この施設の情報はそのウェブサイトに載っています）
information ＝不可算名詞

■前置詞（at、to、on、in、for、ofなど）
17. 前置詞
ポイント 前置詞は名詞の前に置いて名詞の意味を補う役割がある
I am at your office now.（いま君のオフィスにいるよ）
The paperwork is on my desk.（その書類はボクの机の上にある）
He has a lot of things to do for his business.
（彼は彼のビジネスのためにたくさんやることがある）

日本人が間違いがちな英文法とは？
Typical grammatical mistakes that Japanese learners tend to make.

ここで日本人に多い英文法の間違いを紹介しておきましょう。

●【初級編】感情を表す動詞の形容詞的使い方
for elementary level

　自分が「退屈だ」と思う気持ちをいい表すとき、I am boring.（私は退屈な人だ）という人が少なくありません。しかし、これだと「自分はつまらない人間だ」といっているようなものです。

　boring は、bore（退屈させる）という動詞からきていています。退屈だと思う状況や人に対して、This movie is boring.（この映画はつまらない）とか、She is boring.（彼女は退屈な人だ）のように使います。その映画や彼女自体が現在、人を退屈させているからですね。

　自分や人が「退屈している」という気持ちを表すときは、なにか
に「退屈させられている」のでI am bored.（退屈だ）、He is bored.
（彼は退屈している）と受け身の表現にします。

　同じように受け身で感情を表現する動詞の形容詞的用法には、

◎ **I am excited.**（興奮した）
× I am exciting.（自分はエキサイティングな人だ）
◎ **I am surprised.**（驚いた）
× I am surprising.（自分は人をビックリさせる）
◎ **I am interested.**（興味がある）
× I am interesting.（私は興味深い人間です）
◎ **I am tired.**（疲れた）
× I am tiring.（自分は人を疲れさせる）
◎ **I am confused.**（混乱した）
× I am confusing.（私は混乱を招く人です）

──などがありますから、お間違いなく！

●【中級編】人になにかしてもらったときの表現方法
for intermediate level

　美容室や理髪店で「髪を切った」ことを、なんというでしょうか？
　I cut my hair. といいたくなるのですが、これは「自分で自分の
髪を切った」ことになってしまいます。
　正しくは、**I got my hair cut.**（髪を誰かにcutしてもらった）
という表現になります。

113

「get」と「have」は「〜させる」という使役動詞であり、「人になにかしてもらった」ときに使います。

たとえば、I got my car washed.（洗車してもらった）、I have my phone repaired.（スマホを修理してもらった）などです。

このように日本語と解釈や表現が違うので、やはり英文法を踏まえておくことは大切なのです。

●【上級編】否定疑問文に対しての「yes」と「no」の返事
for advanced level

たとえば、日本語で「今日は学校に行かなかったの？」と尋ねられたとします。学校に行っていなければ、「うん（Yes.）」と答えるでしょう。

これをそのまま英語に当てはめると、"Didn't you go to school today?" ➡ "Yes." となりますが、これは間違った表現です。

日本語では相手の質問に対して、肯定（はい）、否定（いいえ）で答えますが、英語では、どのような形で質問されたとしても、自分の答えが肯定であれば「yes」、否定であれば「no」なのです。

つまり、"Didn't you go to school today?" と聞かれて、もし学校に行っていなかったら No, I didn't.（いいえ、行きませんでした）となり、学校に行っていたら Yes, I did.（はい、行きました）となります。

いくつか例文をあげてみましょう。

You don't work on Saturday, right?
（土曜日は仕事じゃないよね？）
No, I don't.（仕事じゃないわ）

Aren't you tired?（疲れてないの？）
Yes, I am.（疲れてるよ）

Can't you cook?（料理できないの？）
No, I can't.（できない）

　聞かれた質問が肯定文でも否定文でも、自分はどうなのか（肯定か否定か、yesかnoか）を答えるのがポイントです。

（単語/文法）反復していると
バカでも頭に残る

Repetition can keep things in your head.

　「やる気はあるんだけど、なかなか英単語や英文法が覚えられない (I'm motivated but I can't memorize English vocabulary and grammar.)」
　「その場では覚えたつもりになっても、次の日になると、もう忘れている (Even if I think I have memorized it on the spot, on the next day I will find I have already forgotten it.)」
　そんなふうに悩む人が少なくありません。
　時間の経過とともに記憶量がどう変化するか？　これについては、**「エビングハウスの忘却曲線」**という有名なグラフがあり、人の記憶が時間の経過とともに急速に失われていくことがわかります。
　20分後には42%、1時間後には56%、1日後には74%、1週間後には77%、1か月後には79%という、驚くほどのスピードで忘れていくそうです。

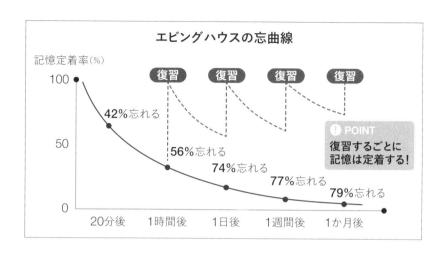

エビングハウスの忘曲線

記憶定着率(%)

復習　復習　復習　復習

POINT
復習するごとに
記憶は定着する!

100

42%忘れる

56%忘れる

74%忘れる

50

77%忘れる

79%忘れる

0

20分後　1時間後　1日後　1週間後　1か月後

　つまり、勉強したことをすぐに忘れてしまうのは、当たり前のことなのです。忘れてしまうことを気にするより、**記憶を定着させるために適切なタイミングで復習することがポイント**です。

　英語を定着させるためには、"人の記憶"についてきちんと踏まえておいたほうがいいです。

　ちょっとお堅い話になりますが、人の記憶には、**一時的な「短期記憶」と脳に定着した「長期記憶」**があります。

　短期記憶はワンタイムパスワードのように、その場では覚えているものの、すぐに忘れてしまうもの。長期記憶は、ある程度の長期間、脳に残るものです。

　長期記憶は、さらに**「顕在記憶」**と**「潜在記憶」**の2つに分けられます。

　顕在記憶というのは、「昨日の夜、なに食べた?」と尋ねられて「ハンバーグ」と答えるように、思い出そうとすれば頭に浮かんでくるもの。一夜漬けの勉強もそうなのですが、尋ねられた質問にしか

答えられず、なかなか応用がききません。

　一方の潜在記憶は、思い出そうと意識しなくても頭に浮かぶもの。このことを踏まえると、**「短期記憶」を復習し、「潜在記憶」とすることで脳に定着させることができます。**

　短期記憶をキープできるのは、最長でも1か月間とされています。1か月後に復習するというサイクルだと、新しく勉強し直すのと同じ労力がかかってしまうということ。

　そこで"誰でも覚えられる復習法"としてオススメするのは、次のサイクルです。

> ●1回目　学習した1時間後（1 hour after learning）
> ●2回目　学習した1日後（1 day after learning）
> ●3回目　学習した1週間後（1 week later）
> ●4回目　学習した1か月後（after 1 month）

　これが記憶を定着させるための理想のサイクルです。

　ただし、このサイクルを守って勉強するのは、忙しく働いている会社員だとむずかしいかもしれませんし、そもそもめんどうだと思います。

　そんな人は臨機応変に対応して、**その日に学んだことをその日のうちに復習したら、たとえば週末にまとめてその週の分を覚え直す。**そして、試験前や参考書の区切りのいいところでもう一度ふり返る、などとしてもいいでしょう。

　ボクも浪人時代は、授業後に復習しつつも、「その日だけで完璧に覚えよう」とせず、翌日にも必ず復習して見直す時間をつくっていました。

　そして時間があるときには、さらに復習して記憶を定着させていました。

学習（Input）と実践（Output）でどんどんレベルアップ！

Input 楽しみながらインプットしよう!

Enjoy inputting things!

　ボクはYouTubeチャンネル「タロサックの海外生活ダイアリー TAROSAC」とは別に、**ブログ「現代リアル英会話研究室」**も運営しています。

　このブログでは、YouTubeで人気があった動画のインタビューの内容を、すべて文字にして書き出しています。

ブログ「現代リアル英会話研究室」(https://tarosac.com/laboratory/)

　YouTube動画でも字幕をつけていますが、「スピードについていけない」という視聴者も少なくありません(YouTubeの画面下にある「設定」ボタンから「再生速度」を「0.25倍」から「2倍」まで8段階で調整できます)。

　でも、ブログに英語と日本語訳を書き出してあるので、**実際のイ**

ンタビューの内容を何度も読み返して、リアルな会話ではどんな英単語や英文法が使われているのかを学ぶことができます。

　もしわからない単語があったら、ブログの単語上にマウスポインターを合わせて範囲選択したあと、右クリックをするなどしてGoogle検索することで、意味や発音をチェックすることもできます。

　さらにブログでは、YouTube動画を再生させながら、文字起こしされた会話の内容を見ることもできます。

　ボクのYouTubeとブログはともに無料公開なので、楽しみながらインプットするのに役立てていただければと思います。

　さて、重要なのは、これでした。

★インプットと並行したアウトプット
Output parallel to input.

　そこで、次に「並行したアウトプット」について説明しましょう。

Output 「英語が話せる自分」を演じてみよう
Pretend that you can speak English.

　英会話上達の基本は、"マネる"ことにあります。ボクもネイティブスピーカーの発音を、わざとらしいくらいマネすることで、体に染み込ませていきました。

　「守・破・離」という言葉をご存じでしょうか？　これは、茶道や武道で用いられる3つのステップです。

　まずは教科書通りにマネしてやってみる（守）、次に教科書とは違うやり方をとり入れ発展させる（破）、教科書から離れて自己流を確立する（離）——。

たとえば、ボクのYouTubeとブログを見て、気になったフレーズをマネしてみる。そのとき、まずはボクになりきって完全にマネしてみるのです。

最初は"外国かぶれ"みたいで、恥ずかしいと感じるかもしれません。照れくさいと思うのであれば、**「英語が話せる役（english native speaker）」を演じる**と思えばいいのです。

「英語がうまく話せたらいいな（I wish I could speak English well.）」と思う人なら、ネイティブのように英語をペラペラ話す自分の姿を想像したことがあるはず。

そんなふうに「憧れの自分になる（I will become the person I long to be.）」と考えて演じれば、恥ずかしいどころか、きっと楽しくなるはずです。

日本語のフレーズはイントネーションをあまりつけませんが、英語は単語レベルでもフレーズ全体でも強弱のアクセントがより強いです。

自分では「わざとらしいかな」と思うくらいのアクセントをつけて、なりきって発音する。"完コピする"のが、英会話上達のポイントなのです。

ボクも役を演じるつもりで、**ネイティブになりきってマネをする意識**を持っていました。

生まれつき家庭で英語をしゃべる環境があったり、幼い頃に外国に住んだ経験があったりする人でなければ、ネイティブのような発音は身につかないと考えることが多いように思います。

ボクは、いまでこそオーストラリアのシドニーに住んでいますが、大学入学までは、新潟の田舎町で育ちました。

それでもいまでは、多くの人から**「留学していたんですか？（Did**

121

you study abroad?)」「帰国子女かと思った（I thought you were a returnee.)」などといったコメントをたくさんいただいています。

　ボクのように大人になってから英会話をはじめたとしても、誰でも上手に発音できるようになります。学んだ英単語や英文法をアウトプットするときは、ネットの動画や音声でネイティブの発音をマネすることからはじめましょう。

ネイティブになりきって「マネる」のが英会話上達の道

現代リアル
英会話研究室

Output ひたすら「マネる」「なりきる」

The trick to native-like pronunciation is to "imitate" and "pretend" to be a native speaker.

英会話では、「**自分が発音できる音は聞きとれる（You can catch words that you can pronounce.）**」といわれています。

つまり、ネイティブっぽい発音ができるようになってくると、リスニング力もついてくるということです。

ネイティブっぽい発音をするコツはたった1つ。

ネイティブになりきって「マネる」（Imitate native speakers and their pronunciation.） ことです。

ボクは、オーストラリアにきたばかりの頃「カッコいい英語を話せるようになりたい（I want to speak cool English.）」と、まわりにいるオーストラリア人やイギリス人、アメリカ人のネイティブスピーカーたちと対話しながら、アクセントや発音をマネたり、単語やいい回しをとり入れたりしていました。

その結果「キミの英語はすごいね！ イギリス英語かと思えば、いきなりオーストラリアのアクセントになったりする。そんなしゃべり方、誰もできないよ（Your English is amazing! You can go from speaking British English to suddenly having an Australian accent. No one can speak like that!）」なんていわれたこともありました。

日本では、「boy」なら「ボーイ」、「girl」なら「ガール」などと、カタカナ読みで発音を覚えることが多いもの。

また、英語の発音は、日本語にはない音が多いため、それをカタカナに置き換えて覚えてしまうことも少なくありません。

なりきって「マネる」というのは、**純粋に聞きとった単語の音を**

そのまま発音する（Pronounce the sounds of the words you hear purely as they are.） ということです。

　まわりの人たちに"外国かぶれ"と思われるのが恥ずかしくて、わざと日本語っぽい発音で話す人もいます。しかし、聞こえた音をそのままマネることで、少しずつ英語の発音をする筋肉が育っていき、相手にとってわかりやすい発音が身につくのです。

Output 覚えたことはその日のうちに使ってみる
Try to use the English vocabulary and grammar you have learned, purposely on the same day.

　最速で英会話力を高めるには**「インプット3割：アウトプット7割」**の比率で学ぶことがとても重要だといいました。

　ボクはよく、**「学んだ単語や文法は、わざとらしくてもいいから、その日のうちに使ってみよう（Use the vocabulary and grammar you've learned before the day is over even if it sounds deliberate.）」** と提案しています。

　実際にアウトプットして使ってみることで、脳に効果的に刻み込まれていくからです。

　ヨーロッパや南米などの非英語圏に住む人たちは、なんとなくボクたち日本人より英会話がうまいイメージがありませんか？

　ボクは、YouTubeの動画で、日本人以外の非ネイティブに**「どうやって英会話を上達させてきたか？（How have you improved your speaking skill?）」** をインタビューしてみました。

　すると、やはり多くの人は、**「学んだその日のうちに話してみる（I use what I learned in conversation on the same day.）」** と答えてくれたのです。

　覚えたばかりの英単語や英文法を使ったフレーズは、はじめて使うとぎこちないかもしれません。もしかしたら、2回目だってぎこちない。

　それでも、3回、4回とくり返し、10回くらいくり返す頃には、完全に自分のものになります。

　ボクも、まだSkypeでリトアニアのYOLAちゃんと英会話をしはじめたばかりの浪人時代は、会話のスタートは、「How are you?（調子はどう？）」「I'm fine, thank you.（元気です、ありがとう）」など、教科書で学ぶ定番のフレーズばかりでした。

　でも少しずつ、ほかの外国人とも話すようになると、「Same as usual.（いつも通りかな）」「Not so good.（あんまりよくない）」という答えが返ってくることがあり、**必ずしも「I'm fine.（元気です）」でなければいけないわけではない**ことに気づきました。

　そのことに気づいたとたん、ボクはその日のうちに、「Same as usual.（いつも通りかな）」などのフレーズをぎこちなくても使うようにしてみたのです。そして、何度もくり返して、自然に口をついて出てくるようになった頃、お決まりのパターンから脱出することができました。

　アウトプットするときは、できれば誰かと話すのがいちばんです。

　でも、話す相手がいないときにできるアウトプットもたくさんあります。

　そこで、スマホを使って手軽にできるアウトプットと、最強のアウトプットである「オンライン英会話」について説明していきましょう。

Output アウトプットする機会は スマホで見つける

Find opportunities for output on your smart phone.

アウトプットの大切さはわかったけれど、身近に英語を話す相手がいない。多くの人は、そういう状況だと思います。

実際、ボクは「英語をアウトプットする機会は、どこで見つければいいのですか？（Where can I find opportunities to output English?）」とよく質問をいただきます。

でも、いまはスマホがあれば、いくらでもアウトプットの機会は見つけられます。そこで、スマホを使って、どんなことをすればいいのかについて説明しましょう。

▶ Instagram、Facebook、Twitter

近年ではInstagram上で、「いいな」と思う投稿をしている人にDM（ダイレクトメッセージ）を送るのが一般的になっています。**Instagramでは、一部の例外を除いて、フォローの有無にかかわらずメッセージを送ることができる**ので、ハッシュタグ（例：#タロサック #TAROSAC）などで同じ興味を持つ人を探して、一緒に英会話のスキルアップを目指す友人をつくったり、ネイティブの友人をつくったりして、会話を楽しむことができます。

また、Facebookでも、英会話を学ぶグループなどがあるので、参加してみるのもいいでしょう。

TwitterやInstagramで「**今日は、こんなことを学んだ（Here's what I learned today.）**」とか「**今日の出来事（what happened** today)」を英語で発信している人は少なくありません。

　ボクのYouTubeチャンネルの視聴者には、学んだことをInstagramやYouTubeの動画でアウトプットしている人もいます。そうすることで、知識やノウハウを共有することができますし、ミスや間違いを指摘してもらう機会も得られます。

▶YouTube

　ボクのYouTubeチャンネルをはじめ、英会話に関連する動画はほんとうにたくさん配信されています。ただ視聴するのではなく、コンテンツに応じて、聴きながらマネして発音する「シャドーイング」をするのも、アウトプット法の1つといえるでしょう。

　そこで、ボクがオススメの英語学習関連のYouTubeチャンネルを紹介しましょう（チャンネル登録者数は2022年12月現在）。

●楽しみながら学びたいなら

「Rupa sensei」チャンネル登録者数 56万人

https://www.youtube.com/@Rupasensei

英語学習指導法の資格を持つRupa senseiが、海外アニメやドラマを題材にして、使われている英語を解説。楽しみながら、単語力・リスニング力を高められます。

●自然な英語表現を知りたいなら

「バイリンガール英会話」チャンネル登録者数 152万人

https://www.youtube.com/@cyoshida1231

Bilingirl Chikaさんが、Vlog（動画ブログ）のスタイルで、子育てや旅などの身近なシーンで使う英語を発信。日常生活で使われる自然な英語表現が学べます。

●文法について詳しく学びたいなら

「英語コーチ-イングリッシュおさる」チャンネル登録者数 33万人

https://www.youtube.com/@englishosaru

英語学習を開始してわずか2か月で英検1級を取得、6か月で
TOEIC900点の、元英語教師のおさるさんが、英単語・英熟語・
英文法について丁寧に解説しています。

●ネイティブっぽい発音になりたいなら

「だいじろー Daijiro」チャンネル登録者数 45万人

https://www.youtube.com/@daijirojp

留学・移住経験が豊富で「英語発音指導士®」のだいじろーさん
が、ユーモアたっぷりに発音や文化の違いなどを紹介します。

●日常で使えるフレーズを知りたいなら

「StudyIn ネイティブ英会話」チャンネル登録者数 87万人

https://www.youtube.com/@StudyIn

バイリンガルのみっちゃんと、純ジャパ（純粋ジャパニーズ）
の清家くん、そして関西弁の帰国子女アンジーが「明日から使
える英語」をテーマに発信。ショート動画では、日本人が勘違
いしやすい単語やフレーズを、わかりやすく紹介しています。

●実際にあり得る場面で使える英語を知りたいなら

「AK in カナダ」チャンネル登録者数 54万人

https://www.youtube.com/@ak-english

バンクーバーに住み、バンクーバー観光局大使でもあるAkane
さんが、5bucksおじさんとかけ合いをしながら、日常生活の
さまざまな場面で使うリアルな英語を教えてくれます。

●レベルアップを目指すなら

「Atsueigo」チャンネル登録者数 52万人

https://www.youtube.com/@Atsueigo

日本で生まれ、大学卒業まで日本で育ったATSUさんが、英検1級を取得し、TOEIC満点、TOEFL114点、大学院留学を経て、メルボルンにある4大会計事務所に就職するまでに行ってきた英語学習法を紹介。高度な表現やネイティブスピーカーとの内容が濃い会話などが数多く紹介され、レベルアップを目指す人にはピッタリ。

――ほかにもアウトプットするだけでなく、さまざまな状況でスマホを活用して学ぶことができます。

▶会話中にわからない英単語があるとき

When you come across an English word you don't understand in the middle of a conversation

➡Google翻訳の音声入力で意味を確認できます。

▶発音チェック&エクササイズ

Pronunciation Check & Exercise

➡Google翻訳で発音をチェックするためのスピーカーのアイコンを押すと、正しい発音を教えてくれます。Googleの発音と、ボイスレコーダーに録音した自分の英単語や英文の発音を比べてみるのがオススメです。どのくらいネイティブの発音に近づいたかをチェックするため、iPhoneであれば、音声認識ツールの「Siri」、Androidであれば、Googleが提供しているサービスの「OK Google」に話しかけてみましょう。

音声認識サービスが聞きとった単語を表示してくれるため、どのように聞こえたかがわかります。たとえば、「girl」と発音したのに、「go」や「call」と表示されることもあり、自分のリアルな発音が客観的にわかります。

▶英単語の暗記
Memorization of English vocabulary

単語帳を作成するには、時間と手間がかかります。また、紙の暗記帳だと持ち歩きがめんどうです。

その点、アプリを使えば、スマホで管理ができ、内容のアップデートも簡単です。さまざまなアプリがありますが、ここでは、ファイルに分けるなどのシンプルなもの以外で、役立つ機能がついているアプリをご紹介します（有料のものもあるのでご確認ください）。

●復習の間隔を自動管理してくれる「Anki」
単語を記憶するうえで重要な「短期記憶」「長期記憶」、それに「分散学習」の概念に基づき、効率的な暗記をサポートしてくれます（iPhoneアプリは有料）。

●スマホ同士で単語帳を送受信できる「単語帳メーカー」
英単語の暗記のためのフラッシュカードの作成ができる単語帳アプリ。自分でオリジナルの単語帳をつくれます。

●発音つきの単語帳がつくれる「自分で作る単語帳 WordHolic!」
読み上げ音声でリスニングしながら覚えられ、スライドショーの利用で学習がはかどります。暗記フラグやコメント付箋で効率的に学習できます。

●ゲーム感覚で学習できる「mikan」

4択クイズなどで楽しみながら学べるアプリ。うろ覚えの単語が蓄積される総復習機能で、暗記するまで何度でも学ぶことができます。

●アプリを閉じてもバックグラウンド再生ができる「キクタン」

「知らない」とフィルタリングした単語を、1日後、3日後、7日後のタイミングで復習でき、記憶の定着を助けてくれます。

●リーディング、リスニング、スピーキングと総合的に英語を学べる「Duolingo」

目標とするレッスン数を選び、学習状況によって最適なレベルとペースで学ぶことができます。リマインドメールなどでやる気を維持させる工夫もあり。

　またLINEで、自分だけのトークグループをつくってメモや単語帳の代わりに、暗記項目を並べている人もいます。

　LINEのように、ふだん、よく開くアプリに暗記項目を入れておくことで、アプリを開くたびに「そうだ、単語を覚えよう」と自分にリマインドすることができて、スキマ時間を有効活用することができるでしょう。

▶ニュース＆エンタメ
News & Entertainment

　多くの人は1日3時間ほど、スマホを触っているといわれています。そうであれば、そのうちの30分でも1時間でもいいので、英語のちょっとしたニュースやエンタメ情報に触れる時間に変えてみてはいかがでしょうか？

1日1時間×1か月（30日）＝30時間

1か月でおよそ30時間も、英語に触れる時間を増やせます。

●海外おもしろエンタメ情報　LADbible（Instagram）
https://www.instagram.com/ladbible/

●おもしろネタ Memes.com（Twitter）
https://twitter.com/memes

●オーストラリア中心の海外ニュース　9NEWS
https://www.9news.com.au/

●幅広い世界のニュース　VISE（Instagram）
@VICE

●世界のスポーツニュース　SPORTbible
https://www.sportbible.com/

●イギリスの公共放送の世界のニュース　BBC
https://www.bbc.com/news

Output オンライン英会話は最強のアウトプット

Online English lessons are the best place to do output.

　ボクは、オンライン英会話こそ最強のアウトプットだと考えています。もちろん、ボクが浪人時代に行ったように、知り合った外国人とSkypeの無料ビデオ通話で話すのもいいでしょう。

　SkypeでなくてもZoomやFacebookのMessenger、Google Meetなど無料ビデオ通話のツールはたくさんあります。

　でも、より近道を行こうとするなら、自分に投資するつもりで有料のオンライン英会話を利用するのもオススメです。

　有料のオンライン英会話の場合、話す相手は英語の先生です。自分のいいたいことを辛抱強く聞いてくれて、その場でアドバイスもしてくれますから、話すのが苦手な人でも少しずつ自信がつけられるでしょう。

　もちろん、生徒のレベルに合わせて、話すスピードや使う単語などを変えてくれますから、理解しやすく会話がはずむはずです。

　また、指導する側が決めるプログラムだけではなく、「今日は発音を強化したい（Today I want to strengthen my pronunciation.）」「今日は試験のために文法を学びたい（I want to learn grammar for my exam today.）」という希望もとり入れてもらえるでしょうから、自分のペースで英会話の学習を進めることもできるでしょう。

　また、SNSに投稿するために書いた英語の文や日記などの添削にも応じてくれるはずですから、文章を構築したり書いたりする力も高められます。

ちょっと宣伝めいてしまいますが、ボクは「TAROSAC ENG-LISH」（https://tarosac.com/english/）というオンライン英会話を運営しています。これには、一般的なオンライン英会話とは大きく異なる点があります。

　一般的なオンライン英会話は、生徒が「好きなときにオンラインで話す（Talk online whenever you want.）」スタイル。しかし、「TAROSAC ENGLISH」は、プランによって上限は異なりますが、必ず月20時間以上アウトプットする時間を組み入れてもらうようにしています。

　ボク自身の経験から、**とにかくアウトプットする時間が大切（You need to use it as much as possible.）** と考えているからです。

　英会話を上達させる道すじで、サボりたくなったりくじけそうになったりすることもあります。

　そこで2週間に1度、グループトークを組み入れて、ボク自身の経験から、悩んだりやる気が落ちたりしたときはどうすればいいかをコーチングしています。

　さらに、ビデオ通話でのマンツーマンのやりとりで、英語に関するフィードバックを受けることもできます。

　「オンライン英会話」は、有料で費用はかかるとはいえ、海外に留学したり住んだりするのに比べれば格安だといえます。「英会話が上達するための時間をお金で買う（You buy the time to improve your English efficiently.）」のは有益なことだと思うのです。

　効率的に英語を伸ばして今後の人生やキャリアの選択肢を広げられると考えれば、決して高い買い物ではないとボクは考えています。

　さらにもう1つ、ボクがオススメしているオンライン英会話の活用法があります。それは、自分が話した動画を録画することです。

画面録画でもいいですし、パソコンの横にスマホを置いて録画してもいいでしょう。それをジムでのトレーニング中など、なにかをしながらでもいいので客観的に視聴して、自分に対するフィードバックをするのです。

そうすると**自分自身の英会話に対する気づきや改善点が必ず見つかり、上達のスピードが格段にアップ**します。

115ページで紹介したように、なにもしなければ、翌日には7割以上も忘れてしまいます。できるだけ、どんな方法でもいいので「その日のうちにアウトプット（output on the same day）」することを心がけましょう。

Output マッチングアプリや イベントなどに参加するのもアリ

Using matching apps and attending events are also one of the options.

交流イベントの告知サイト「Meetup」（https://www.meetup.com/ja-JP/）をご存じでしょうか？　同じ興味や目的を持つグループをつくってメンバーを募るためのサイトです。

「外国語＆カルチャー」というカテゴリーがあり、そのなかから興味のあるトピックを選択すると、関連したグループが表示されます。

ボクが住むシドニーでも、新型コロナウイルスがまん延する以前は、日本の文化に興味があるグループ「日本クラブ」や、英語を学ぶことを目的にしたグループがイベントを行ったりしていました。

英会話力を高めるという共通の目的があるグループであれば、アウトプットもしやすいはずです。

さらに、**マッチングアプリを使って英語で会話する友人を見つけ**

135

るのも有効です。

　マッチングアプリは、恋人やパートナーを探すためだけのものではありません。実際にボクも、何人もの人とアプリを通じて友だちになっていますし、シドニーにきたばかりで知り合いがいなかった日本人女性は、マッチングアプリでルームメイトや友人を見つけていました。

　自分の行動範囲以外で友人を見つける手段として、マッチングアプリを利用するのもアリだとボクは思っています。

●HelloTalk（ハロートーク）：語学学習の定番

世界で1000万人以上が利用している言語交換アプリ。お互いに得意な言語をマッチングさせ、チャット、タイムライン、通話機能を通して交流する。

●Langmate（ラングメイト）：語学学習より出会い重視

日本が好きな外国人と、英語を学びたい日本人との出会いに特化したマッチングアプリ。マッチングが成立した相手とチャットすることができる。

●Tandem（タンデム）：使いやすいアプリ

言語交換できる相手を見つけてペアになり、お互いに教え合うことができるアプリ。チャット、音声チャット、ビデオ通話などで会話する。

あとひと息で
「バカ★ペラ」だ！
You're almost a
"BAKA★PERA"!

アウトプットのコツは「喜んで失敗する」

The trick of output is to "be happy to fail".

アウトプットをためらう要因の1つが、「**間違うことを気にしすぎる（concern about making mistakes）**」ことだと再三指摘してきました。

コロンビア大学の心理学者、クラウディア・ミューラー教授とキャロル・デュエック教授によると、知能や結果をほめられると「賢く見られたい（I want to look smart.）」という気持ちが生じて、**失敗を恐れるようになる**。そして、「自分はがんばらなくてもできるはずだ（I should be able to do it without trying hard.）」と考えるようになるといいます。

ボクたちは幼い頃からの学校教育の影響で、失敗を恐れずにチャレンジするという機会が極端に少なかったような気がします。仮にテストで100点満点中90点だったとしても、マイナス10点＝ミスとして反省材料にする思考も身についているのかもしれません。

でも、ボクの場合、テストでよい点をとったことが、あまりなかったのが幸いしたのか、失敗を過剰に恐れることはありません。

英会話を上達させたいのであれば、失敗を恐れず、逆に「喜んで失敗する（I'm happy to fail.）」よう、マインドを切り替えてほしいと思っています。**アウトプットして失敗するからこそ、自分の間違いに気づいて修正できる。**

「行動して失敗をする（Act and make mistakes.）」のが、会話力に磨きをかける最短距離です。失敗しても、原因を知り、改善していくことで、間違えないときよりも、成功に近づいていくのです。

電球や蓄音機、映写機などたくさんの発明で知られ、「発明王」と呼ばれたトーマス・エジソンは「失敗すればするほど、成功に近づく（The more you fail, the closer you get to success.）」といったそうです。

エジソンは、数えきれないくらいの失敗の連続だったそうです。それでも、「私たちの最大の弱点はあきらめること。成功するのに確実な方法は、常にもう1回だけ試そうとすることだ（Our greatest weakness is giving up. The surefire way to succeed is to always try just one more time.）」と挑戦をくり返したことで、自らを成功に導くことができたそうです。

英単語や英文法のインプットばかりして、できるつもりになっていても、実際に使ってみないと身につきません。

アウトプットして失敗するからこそ、改善点が見つかります。

ボク自身は「**1回の失敗は、自分にとってプラス1点（another failure, another point）**」と考えています。

そうして、どんどん点数をプラスしていく（失敗する）からこそ、最速で英会話力が高まっていく。失敗を恐れてアウトプットしないより、むしろ、ミスができる環境に喜んで自分を置いていく。小さな失敗が、英語力に磨きをかけていきます。

ボクは誰よりも多くの失敗をくり返したからこそ、いまがあると思っています。英語でも失敗を恐れず行動することが、うまくいく秘訣だとよくいわれます。そこで、そんなフレーズをご紹介しましょう。

TAROSAC式コミュ力爆上がり万能フレーズ

Do not need to worry about making mistakes.
（失敗を恐れる必要はない）

You should be happy to make mistakes.（喜んで失敗すべき）

●もし自分の間違った英語で相手が顔をゆがめたり、「それはおかしい」「意味がわからない」といわれたら、くじけずに、

Could you tell me how I should say it correctly?
（どうやって正しくいうべきか教えて）

What did I say wrong?（なにが間違ってた？）

などと聞いて、喜んで自分の間違いに対する答えを学ぶべきでしょう。

139

思い切ってネイティブ英語の
コミュニティに飛び込んでみた
I dived into a native English community.

　3か月間集中して"英語の基礎体力"をつけると、MySpaceや Skypeでの、さまざまな国の人たちとの交流で、自分の変化に気づく ようになりました。

「以前はあまり相手がしゃべる英語を聞きとれなかったけど、最近け っこうしゃべってることがわかるようになってきたな（I couldn't understand what she was talking about much but nowadays I can.）」
「次にこういわれたら、こう返そう（Next time I'll respond to him like this.）」

　こんなふうに小さな成功体験を積み重ねることで自信がつき、英会 話に対する壁がなくなっていきました。英会話上達の勢いが、格段に 増していったのです。

　その頃、MySpaceやSkype以外に、日本にいながら海外の人と関 わる機会が増えたのも、英会話のモチベーションアップにつながりま した。

　それは、偶然の出会いでした。

　ある日の塾の昼休み、用事があって郵便局に向かうと、なんとブロ ンドの女性が地図を持って迷っているような姿に出くわしました。

　ボクが記憶する限り、地元・新潟でブロンドの女性が歩いている姿 を見るのは、はじめてのことでした。

　「なにか困っているのかもしれない」「これはリアルな英語を使うチャ ンスだ！」

　そう直感的に思ったボクは、**勇気を出して「Can I help you?（な**

にかお困りですか?)」と、**話しかけてみた**のです。

　それまでSkypeでパソコンの画面を通した英会話には少しずつ慣れていましたが、ネイティブとのリアルでの英会話は初体験でした。

　彼女はボクに地図を見せながら、「I want to go to this shopping mall.（近くのショッピングモールに行きたいんです）」とのことだったので、ボクは身ぶり手ぶりも加えて、一生懸命説明しました。

　なんとなくいいたいことが伝わったようで、ホッとしました。そして、お礼をいわれて、彼女とは笑顔で別れました。

　その数日後。夜10時頃に勉強を終えて塾を出たところ、そのブロンドの女性を含む3人の外国人に、**バッタリと出くわした**のです。

　「Oh, is that you from the other day?（あれ、この間の人?）」と、どちらからともなく会話がはじまると、その外国人3人は、日本で小学生などに英語を教えているALT（外国語指導

助手）だということがわかりました。

　それに対してボクは「I study here everyday to pass the entrance exams for university.（ここの塾で、毎日、受験のための勉強をしているんだ）」と目の前の塾の建物を指さして説明すると、「We might be able to help your English.（それなら英語の勉強になるかもよ）」と、毎週金曜日の夜、3人で集まってアニメ映画を見ながらご飯を食べる会をしているからそこに参加しないか、とボクを誘ってくれたのです。

　受験勉強に差しさわりがあってはいけないと、浪人することを両親に直談判してくれた（40ページ参照）ボクが通う塾の塾長であるMさんに相談しました。

　すると、「**1時間くらいならいいんじゃない？**」と許しをもらえたので、毎週のように参加するようになったのです。

　もちろん最初は、英語版のアニメを見ても、なにをいっているのかほとんどわかりませんでしたし、**ネイティブ同士で交わされるちょっとした会話にもついていけませんでした。**

　Skypeのビデオ通話では、相手はボクのつたない英語力に合わせてゆっくりと話してくれますが、ネイティブのコミュニティに入れば、ボクに合わせて会話をゆっくり進めてくれるわけではありません。

　もちろんある程度は、配慮してくれていたはずですが、それでも当時のボクにとっては、かなりむずかしかったです。

　そのため、ほとんどの時間をなんとなくの笑顔、というか苦笑いばかりして過ごさざるを得ませんでした。

　それでも、その会への参加をやめようという気持ちにはなりませんでした。受験勉強もMySpaceもSkypeも、**3か月くらい地道に続けたら変化を感じられた。**今回だって、「絶対にどうにかなるはず（It's going to be alright.)」と思ったのです。

　そもそも、田舎育ちの自分には触れたことのない、英語のネイティブスピーカーたちとの世界が広がることが、刺激的で楽しかった。

　そうして、Skypeとの相乗効果もあって、**3か月もしないうちに耳がネイティブのスピードに少しずつ慣れ**、さまざまなフレーズにもなじみが出てきて、会話が徐々にはずむようになっていったのです。

　宰は，あとで知ったことですが、ボクがショッピングモールへの行き方を教えたブロンドの女性は、だいたいの道はわかっていたとのこと。でも、ボクの英語を話したいという気持ちを察して、あえて会話してくれたのでした。

　そんな粋なはからいで、**ボクに英語学習のモチベーションが上がるきっかけをくれた**彼女には、いまでも感謝しています。

BAKA★PERA

PART 5

英会話上達は「インプット3割：アウトプット7割」

The golden ratio of
learning English efficiently is
"30% input/70% output".

徹底的にアウトプットを意識する

Concentrate on output.

　英単語や英文法の基礎が身についてきたら、徹底的なアウトプットを心がけることで、英会話力は飛躍的に伸びていきます。

　理想的な割合は、再三お伝えしているように「インプット3割：アウトプット7割」。

　では、どうやってアウトプットを増やしていくのか。さらに詳しく、レベル別にお話ししましょう。

●【初級編】

for elementary level

　英会話の勉強をはじめたばかりだったり、中学レベルの英単語や英文法を見直していたりする人は、とにかく今日からすぐにできること、相手がいなくても一方通行でもできることからはじめてみましょう。

▶「1人同時通訳」でアウトプット

Easy output through "self interpretation".

　相手がいなくてもできる、最もカンタンなアウトプットが「1人通訳」です。1人通訳とは、目についたモノ、思いついたことを、その場で英語にして口に出してみること。

　たとえば、自宅でYouTubeやテレビを見ているとき、目に映ったものを英訳してみるのです。

　お笑い番組を見ているのであれば、「彼は吉本興業に所属している

PART
1
英会話は「コミュ力」が9割

PART
2
まずは「話す力」

PART
3
英会話が苦手な人がハマりがちな「英語のワナ」トップ5

PART
4
英語偏差値38からのすごい英語勉強法

PART
5
英会話上達は「インプット3割：アウトプット7割」

➡He belongs to Yoshimoto Kogyo.」「ダウンタウンはお笑い界のトップだ➡Downtown is the top of the comedy world.」などと思いついたことを英語にしてみます。

慣れないうちは、文章でなくても単語でOK。たとえば、通勤途中の電車内であれば、「改札」ってなんていうんだろう？➡ticket gate、「満員電車」ってなんていうんだろう？➡crowded trainなど、いつも目にする光景でも、いざ英語にしようとすると、なかなかスッと出てこないことが多いはずです。

どこかに出かけるたびに、ゲーム感覚で「試着したい」ってなんていえばいいんだろう？➡May I try it on?、「この料理美味しいですね」ってなんていうんだろう？➡This dish is delicious.なんていうふうに、英語で話すクセをつけておけば、**自分の行動範囲のことを英語で話す際に壁が徐々になくなっていきます。**

▶英語で日記を書く
Write a diary in English.

1行でも2行でも、今日あったこと、印象に残ったことなどを書いてみましょう。

最初から英文で書こうとすると、「I went to school.」（学校に行った）、「I had a hamburger for lunch.」（ランチにハンバーガーを食べた）、「I played soccer with my friends.」（友だちとサッカーをした）のように、自分が知っている単語や文法に限定した文章になりがちです。

だから、**自分が書きたいことを、まずは日本語で書いてみてください。**

毎日、寒すぎる。温泉に行きたい➡It's so cold every day. I want to go to a hot spring.

今日は、彼女と話ができてサイコーだった。コーフンして眠れないかも➡It was great talking to her today. I may not be able to sleep because I'm still so excited.

どうして、ボクの上司は細かいことにうるさいのだろう➡Why is my boss so picky about details?

明日は金曜日！　飲み明かすぞ➡Tomorrow is Friday! Let's have drinks till the sun comes up!

今日のカフェの店員さんは、めっちゃ親切だった➡The clerk at the café today was so nice.

初級レベルだと、こんな英文を書くのはむずかしいかもしれません。でも、ここでもまたGoogle翻訳やDeepL翻訳を活用するといいです。

自分の書きたいことが英語でどう書いたらいいかわからなければ、翻訳してみてください。そして、それを覚えればいいのです。

自分が書きたいことであれば、興味がわくだけに覚えやすいですし、自分が知らないいい回しを知ることにもつながります。

自分の自然な気持ちをまずは日本語で書いてみると、「"寒すぎる"って、英語でなんていうの？」「"サイコー""コーフンして眠れない"は？」と自分が知らない英語の表現がたくさん発見できます。

たとえば、同じ「寒すぎる」という表現でも「so cold」以外に「pretty cold」「freezing」などが出てきます。

いくつかの例文などを見ながら、**いまの自分の気持ちにふさわしい表現を選んで**「It's been freezing these days.」とか「It's so cold every day.」などと日記に書いてみましょう。

ここまで、わずか数分でできるでしょう。

そして、この例文は自分のストックとして覚えておいて、SNSに投稿したり、オンライン英会話などでくり返し使ってみるのです。

SNSで発信する

Use social media.

ふり返ると、ボクは本当にたわいないことをSNSに投稿していました。

オーストラリアにきたばかりのときは、「I am finally here in Australia! I am very happy about my decision.（ついにオーストラリアにきた！　くることにして本当によかった！）」とか、「This is such an Australian café food. To be honest, I miss Japanese food a lot……（これって本当に典型的なオーストラリアの "カフェ飯" だ。正直、日本食が恋しいです……）」などと投稿していました。

また、しばらくすると、日常的なことで「I bought a brand-new watch.（新しい時計を買った）」と購入品の画像とともに投稿したり、「What a rainy day.（今日はすごい雨だ）」とふと思いついたひと言なども投稿していたのです。

こうして、日々感じたことをわずか1行でも2行でもいいので英語で表現してみるのです。すると、**会話をはじめるときのスモールトークのネタも自然と蓄積**されていきます。

SNSを最大限に活用するため、海外のスターやスポーツ選手などをフォローするのもオススメです。もちろん、ファッションや音楽など、自分が好きな分野のインフルエンサーでもいいでしょう。

なぜなら、**英語の情報を目にする機会が増える**からです。日常的なフランクないい回しが多いので、よりネイティブライクな表現を知ることができます。そして、自分の興味がある投稿があったら、英語でコメントを書き込むのです。

今日の試合、最高だったよ！➡ **Today's game was fantastic!**
そのシャツ、どこで売ってるの！
➡ **I'd like to know where I can get the shirt that you're wearing!**
新曲のリリースはいつ？
➡ **When will the new song be released?**

これもまずは書きたいことを日本語で書いてみます。そして、Google翻訳やDeepL翻訳などで英訳して投稿しつつ、丸ごと覚えて自分が使える英文のパターンを蓄積していくのです。

SNSで知り合った海外の友人にコメントするのであれば、
That's sick!（それ最高！）
Thanks for your great contents.
（最高のコンテンツをありがとう）
GOAT.（Greatest of all time.）（史上最高）
──などのフレーズも使えます。
自分のコメントに返答をもらえることもありますし、ほかのフォロワーからメッセージやコメントをもらえることもあるでしょう。
そこでまた**返事をしていけば、楽しみながらアウトプットする機会が増えていきいます。**

コメントだけでなく自分主導の情報発信にも積極的にトライして

いきましょう。

　最初のうちは、自分の趣味やファッションなどの画像をアップして、それについての短いコメントをすることなどからはじめるのがカンタンかもしれません。

これまででいちばん美味しいタイ料理➡best Thai food ever!
お気に入りのTシャツ➡my favorite T-shirt
街で見つけたキレイな花➡beautiful flower I found in town

　Twitterの場合「140字」の制限がありますから、次の文くらいの長さになります。

The good thing about Sydney is that you can enjoy the city side and the nature side both at the same time.
（シドニーのいいところはシティライフと自然を同時に感じられるところだ）
The biggest life changing moment is when I started my YouTube channel.
（人生でいちばんの転機はYouTubeをはじめた日だろう）
No matter how hard it can be, one day we all face the phase that we have to fight for our life.
（どれだけつらいことであっても、皆いつか人生のために戦わないといけないときがやってくる）

　ボクもずいぶん前から、SNSに英語で発信をしていました。
　自分の発信に対して「Don't you think that you should say it like this?（こんないい方がいいんじゃない？）」などとコメントをもらえることもありました。

また、自分の投稿をふり返って、「ここ間違ってる（This is wrong.）」と気づくことも数多くあります。そうして自分の間違いに気づけるようになったのは、英語力が向上した証拠でもあるので、ちょっとうれしくもあります。

とはいえ、自分の英語力の進歩は、自分ではなかなか感じづらいもの。SNSのように公衆の面前にアウトプットし続けることで、いろんな気づきが得られ、英語力アップにつながります。

洋楽を歌詞を見ながら歌う
Sing Western music while looking at the lyrics.

YouTubeには、英語の子ども向けの童謡が、たくさんアップされています。

子ども向けであれば、むずかしい単語はなく、ペースもゆっくり、たいていは字幕がついていますから、字幕を見ながら歌うことで、単語の正しい発音も身につけられる効果的なアウトプットになります。

また、164ページでも触れる**「フォニックス」**というアルファベットの発音ルールを歌にした動画もたくさんありますから、YouTubeなどでキーワード検索してみてください。

字幕を見ながら一緒に歌えば、日本人の苦手な「L」と「R」、「B」と「V」の発音を改善することもできます。

好きなアーティストがいるのであれば、YouTubeやSpotifyなどで聴きながら歌ってみましょう。歌詞も「曲名　歌詞」でググれば、カンタンに見つかるはずです。

ボク自身はよくSpotifyを利用していますが、有名な曲なら歌詞がついているケースがほとんどです。最初のうちは、テンポがゆっ

くりで歌詞がわかりやすいものを選ぶといいでしょう。

「歌うアウトプット」のコツは、そっくりそのままマネすること（Imitate exactly as it is.）。歌手の発音やイントネーションから単語のつなぎ方（リエゾン）まで「"モノマネ"する気持ちでなりきって歌う（Imitate and sing as if you were the person.）」のが、上達のコツです。

　ボクは大好きなOASISの『Don't Look Back In Anger』『Champagne Supernova』『Live Forever』といった曲を歌詞を見ながら死ぬほど歌い込みました。そのおかげで、まずは英語の発音に耳が慣れました。

　また、英語の歌詞を見ていると、知らない単語に数多く出合います。たとえば、「coz」というのがあって、「どういう意味だろう？（What does it mean?）」と思って調べると、「because」のことだというのを知ったりしました。

　また、歌うことは、**まさに音声を聞きながら発声する「シャドーイング」**です。リスニング力や発音だけでなく、単語と単語のつなぎ方にも慣れることができます。

オンライン英会話①
Online English conversation①.

　133ページでも触れましたが、アウトプットの場として、オンライン英会話を活用するのはオススメです。「Hello.（こんにちは）」「How are you?（調子はどう？）」などのあいさつや、ちょっとしたスモールトークから、英会話に慣れる場として使っていきましょう。

もちろん、Part 2で紹介したテンプレートを使ってもいいでしょう。また、自分で書いた英語の日記やSNSでの発信などを添削してもらうのも、非常に効果的です。

正しい発音を学ぶ場としても有効ですから、しっかり活用していきましょう。

初級者にオススメは、

▶TAROSAC ENGLISH
https://tarosac.com/english/

134ページでもふれましたが、ボクが運営するオンライン英会話です。1か月20時間・40時間の2つの授業枠から選べます。英語でのアウトプットの機会を増やすため、こうしたまとまった時間を生活に組み込んでもらいます。

講師は全員フィリピン人なのも初級者・中級者にオススメの理由です。いずれもネイティブ並みですが、みんな英語以外の母国語を持っているので、外国語として英語を学ぼうとする人への理解度が高いです。

●【中級編】
for intermediate level

ある程度、英会話に慣れてきたら、日常会話には困らないようになるためにブラッシュアップしていきましょう。

できるだけカンタンな英単語や英文法で表現できるようにします。最初は「日本語➡英語」の翻訳スピードを縮めていくことを意識するといいでしょう。

シャドーイング

Shadowing.

　英文が終わってからくり返すのではなく、聞こえてくる英語のすぐあとを追いかけるようにリピートするのがポイントです。**「聞く（listening）」「話す（speaking）」を同時に行うため、集中力を必要とします。**

　でも、くり返し行うことで、英語独特のイントネーションやリズム、そして発音も身につけることができて、リスニング力の強化にも役立ちます。

　自分がシャドーイングした音声を録音して、聴き直すのもいいでしょう。またシャドーイングは、ある程度の英単語と英文法がわかったうえで行うことで、文章の構造などが理解しやすく、応用力を養う効果が高くなります。

　シャドーイングする素材は、ドラマ・動画・ニュースなど、自分の興味・関心の高いもののほうがいいですし、最初はもちろんゆっくりなほうがいいでしょう。

　ボクのYouTubeチャンネルを見ながら、シャドーイングをする人も少なくありません。字幕が入っているので、**慣れないうちは文字を追いかけながらシャドーイング、慣れてきたら耳から聞く音だけを頼りにシャドーイングするのもいいでしょう。**

　また、YouTubeのように再生スピードを調整できる場合は、最初のうちは「0.5倍速」などに落として、字幕を見ながらやってみる。完全についていけるようになったら「1倍速」「1.5倍速」などにして、字幕なしでシャドーイングするなど、レベルに合わせて速度を変えるのがオススメです。

155

実際に誰かと英語で会話する

Talk to someone in English.

　英会話に慣れてきたら、とにかく場数を踏んでアウトプットをくり返すことが大切です。

　アウトプットする機会を増やすためには、SNSなどで同じように英語を学ぶ人たちのグループを見つけるのもいいでしょう。お互いにアウトプットしあったり、学んだことをシェアしたりするのも効果的です。

　また、初級の段階から、英語でSNSの発信を続けていれば、発信した内容に共感してくれる人も増えているはずです。

　そうした人たちと、たとえば、**「毎週日曜日の夜9時（日本時刻）から10分間だけ（Every Sunday night at 9pm [Japan time] for 10 minutes only.）」** など、お互いの都合のいい時間に英会話する時間を設けるのも、アウトプットの強制力が働くのでよいでしょう。

　135ページでお話ししたように、マッチングアプリなどで知り合った人と、近況報告をしたり、お互いの国の状況などを話したりするのもいいでしょう。

　日本や海外のカルチャーを広めるイベントなどに参加して、共通の関心事がある仲間と話す機会を持つのも楽しいはず。さまざまな人と話すことにより、異なるアクセントや単語の使い方にも耳が慣れてきます。

使うシーンをイメージして例文をつくる

Make example sentences imagining the scene.

その日に覚えた単語やフレーズをアウトプットする場がないとき、カンタンにできるのが、「次にどんな場面で、このフレーズを使おうかな？（In what situation am I going to use this phrase next?）」とリハーサルして書き出すことです。

たとえば、「be looking to do~」（〜を期待している、〜をしようとしている）というフレーズを学んだとしましょう。

そうであれば、「**これまでやったことのない、新しいことがしたい➡I'm looking to do something I haven't done yet.**」という例文をつくってみる。パッと思いつかなければ、これもGoogle翻訳やDeepL翻訳で英訳して、次のオンライン英会話の機会に使ってみようと心に決めるのです。

そのために口に出してリハーサルしていれば、より身につきます。

また、別の場面を思い浮かべて、友人と最近のデートについて話すときには、「あの子とデートするつもりはないよ➡I'm not looking to date with her.」っていおうとか、学生時代の友人と仕事帰りに飲むときは、「もうすぐ、昇進するかも➡I'm looking to get promoted soon.」って話そうなど、あらかじめ話す場面を想定して、話すことをシミュレーションしておくのです。いくつかのパターンを考えることで、応用範囲が広がりますし、実際にありそうなシーンを思い浮かべてくり返すことで、記憶に残りやすくなります。

また、**書き出したことを話してアウトプット**することで、実際に似たようなシチュエーションになったとき、スムーズに口から出るようになります。

オンライン英会話②
Online English conversation②.

ZOOM

　中級ともなれば、テンプレートを使った英会話から抜け出して、その場で考えて話す練習の場として使うといいでしょう。

　将来、海外に出かける予定がある人は、「タクシー乗り場はどこですか？（Where is the taxi stand?）」「今日のオススメ料理はなんですか？（What is today's recommended dish?）」など、特定のシーンを想定して会話をするのも楽しめるはずです。

　また、**「今日はこの英単語と英文法を使う！」と決めてメモ**しておいて、オンライン英会話のときに使ってみることをオススメしています。そうすることで、半強制的に新たないい回しにトライしてみるのです。

　中級者以上であれば、

▶ Cambly
https://www.cambly.com/english?lang=ja

　24時間、365日、アメリカ、イギリス、オーストラリアなどの、ネイティブスピーカー講師のレッスンが受けられます。

　前もってレッスンを予約できるほか、思い立ったときにオンライン中の講師とすぐにレッスンをスタートできるのも特徴。日常英会話だけでなく、試験対策やビジネス英語などのコース別にレッスンを進めることができます。

●【上級編】
for advanced level

　より高度に英会話の精度を高めたい人は、次のようなアウトプットを心がけるといいでしょう。

BAKA★PERA

人に英語を教える
Teach people English.

　「人に英語を教える」というのは、究極のアウトプットです。**人に教えるときは、まず自分がしっかりと内容を理解していなければなりません。**

　似たような意味の英単語なのに、「なぜこの場合は使えないのか（Why can't it be used in this case?）」「どうしてそうした文章構造なのか（Why such a sentence structure?）」など、なんとなくわかっていたつもりでも、いざ説明しようとすると戸惑ってしまうこともあるでしょう。

　「自動詞と他動詞の違いかな？（Is it the difference between an automatic and a transitive verb?)、なんとなくは理解していると思ってたけど、いざ人に説明するとなるとむずかしいな（I thought I kind of understood it, but when it comes time to explain it to people, it's hard.)」というのでは、きちんと理解できていないということです。

　人に説明しようとすることで、あらためて理解が深まり、記憶に定着するので、「人に英語を教える」というのは、究極のアウトプットだといえるのです。

上級者になれば、英語を学習中の人からアドバイスを求められることも増えるでしょう。そんなときは、自分自身の英語力を高めるチャンスです。相手に理解してもらえるように説明しましょう。

　ただし、そうはいっても、人に教える機会は、なかなか得られないかもしれません。その場合は、**その日に疑問に思ったことなどを「自分に向かって教える（teach myself）」つもりでふり返り、**説明するつもりで声に出したり、書き出してみたりするのもいいでしょう。

映像なしのオンライン通話で対話する
Talk on the phone without video.

　相手と向かい合って会話をするときは、相手の表情や声のトーン、身ぶり手ぶりなどからも、話の内容を推測することができます。

　ところが、**映像なしの通話になると、音声だけを頼りに聞きとり、言葉だけで伝えたいことを理解してもらわなければなりません。**

　また、音声だけの場合、音がこもったり雑音が入ったりして、聞きとりづらいこともあるでしょう。そのため、音声のみの通話はリスニングに集中し、こちらも簡潔にわかりやすく話そうとする意識が働き、高度なトレーニングとなります。

　ふだん、ZoomやSkype、Messengerなどのビデオ通話で会話している知人・友人と、ときにはあえて音声だけで話をしてみましょう。

　実は、ボクはこれまで**ネイティブスピーカーの彼女と3人ほどおつき合いしたことがあります**が、そのなかで最高にむずかしかったコミュニケーションが、ハンズフリーでの音声通話でした。

　ハンズフリーで話すとまわりの環境音が入りやすく、相手の声が相対的に聞こえにくくなるので、しっかり話を理解するのがとてもむずかしかったのです。

　これが難易度的に最上級レベルかもしれない。参考までに覚えておいてください（笑）。

リスニング力はアウトプットし続けることで育っていく

Listening skills can improve through continuous output.

　最速で英会話力をレベルアップするための方法として、ここまで次の3つを説明してきました。

①中学レベルの英単語と英文法をマスターする（インプット）
②学んだことはその日のうちに使ってみる（アウトプット）
③アウトプットの量を増やして実際の会話をしまくる
　（わからない単語やいい回しなどを学びながら、とにかく会話をする）

　ここで、もしかしたらあなたは、「たくさん会話をするのが、英会話上達の秘訣なのはわかるけど、会話をするには、相手のいうことを聞きとる "リスニング力" も必要じゃない？（I understood that the secret of improving method is to have a lot of conversation, but in order to do so I also need to be able to "listen" to what the other person is saying, right?)」と思ったかもしれませんね。

　リスニング力は、「中学レベルの英単語と英文法の知識 (the Junior High School level of English grammar and vocaburaly)」があるうえで、英語に触れ続けることで育っていくと、ボクは自分の経験上考えています。

　まったく知らない英単語やフレーズは、何度聞いても言葉として耳に入ってきません。

　ですから、**日常会話の9割近くで使われている中学レベルの英単語と英文法を把握しておくこと**は、やはり重要なポイントなのです。

　再三再四指摘しているように、ネイティブの会話の85%は1000語の単語からなるといわれますが、日本では中学で1600〜1800語の単語を学びますから、すでに十分な数の単語を学んでいます。

　英文法についてもPart4で紹介した、ボクの経験から必要と判断した最低限の文法を知っておけば、困ることはほぼないでしょう。

　そのうえで、会話をくり返すことで、リスニング力は伸びていきます。たとえば、**「話すスピードが早くて理解できない (They speak too fast for me to understand.)」** という場合、英語をいちいち日本語に訳して理解しようとしていることが多いものです。

　実際に会話をくり返すことで、英語を英語で理解できるようになっていきます。

　また、英単語1つひとつに発音の強弱があるので、2つの語がつながって発音されることが少なくありません。たとえば「talk about」は「トーク　アバウト」ではなく、実際には「トーカバウト」と聞こえるはずです。

　これも、会話を重ねて慣れていくしかありません。

　英会話をくり返すと「自分はなにを聞きとるのが苦手なのか (what I'm not good at catching)」が見えてきます。その部分を意識して、会話の中でリスニング力を磨いていけばいいのです。

発音で、やはり苦手は「LとR」「VとB」「Th」

Still struggling to pronounce "L and R", "V and B" and "Th".

　ボクがこれまで数多くの英会話学習者にアドバイスしてきた経験からいうと、日本人が苦手な英語の発音には一定の傾向があります。

●「LとR」

　最も多いのが「LとR」がどちらも「らりるれろ」の発音になってしまうということです。

　でも実際は「L」は、舌が上の歯の裏側にくっついた「らりるれろ」の発音であり、「R」は舌を上の歯の裏側に近づけますが、そこで内側に丸めて口の中のどこにもくっつかない状態で発音します。

　「light」では、舌が上の歯の裏側にくっつきますが、「right」はくっつかずに丸める。

　「lead」では、舌が上の歯の裏側にくっつきますが、「read」はくっつかずに丸めます。

●「VとB」

　「VとB」も、どちらも「バビブベボ」の発音になっている人が多いです。

　実際は「B」は、「バビブベボ」の発音ですが、「V」は、上の前歯を軽く下唇にあてた「ヴァ、ヴィ、ヴゥ、ヴェ、ヴォ」に近い音です。

　つまり、「best」は、上下の唇を閉じたところからはじまる

163

「べ」の発音ですが、「vest」は、上の前歯を軽く下唇にあてて発音する「ヴェ」なのです。

● 「Th」

「Th」も、日本語にはない発音なので、苦手な人が多いです。

どうしても「サシスセソ」「ザジズゼゾ」になってしまいがちですが、「Th」は、上下の歯の間に舌の先をはさみながら発音します。

「thank」「think」「three」「the」「this」「they」「Thursday」など、「Th」を使う単語は多いので、練習しておきましょう。

英語には「フォニックス」というアルファベットの発音ルールがあります。

英語圏で育つ子どもたちは、この「フォニックス」を徹底的に学びますが、残念ながら日本では、あまり紹介されることがないようです。

YouTubeなどで、子ども向けの動画がたくさんあり、日本人が苦手な「LとR」「VとB」などもわかりやすく、アルファベットと単語で発音していますから、見ながら発音をマネるといいでしょう。

へえ〜っ

英語を英語で理解するためには？

How to understand English in English?

　英会話のリスニングに慣れないうちは、次のステップを踏みがちです。

「①なにか英語でいわれた (I was told something in English.)」
➡「②日本語に訳して理解しようとする (translate into Japanese and try to understand)」 ➡ 「③日本語で返事を考える (think of a reply in Japanese)」➡「④英語に訳して答える (translate into English and answer)」

　そのため、なにか英語でいわれたとしても、答えるまでに時間がかかり、会話がスムーズに進まなくなりがちです。

　英語を英語で理解し、英語で答えられるようになるためには、とにかく毎日5分でも10分でもいいので、英語に触れ続けることが大切です。

　スマホの言語設定を英語にするのは、英語学習者にとって、もはや必須。 ふだん、よく目にするものが英語になれば、特別に時間をつくらなくても日常の生活の言語が英語に近づきます。

　たくさんの動画やドラマを見るのもいいでしょう。

　たとえば、登場人物が「surprised＝驚いた」のなら、ビックリした表情をする。それを見れば、誰かが驚くときは「surprised」だと、状況と関連づけて覚えることができます。

　料理をしながら食材や調理法の話をする動画であれば、食べ物や動作と英語が直接結びつきやすくなります。

　そうしたことを積み重ねれば、**言葉のイメージが明確に頭に残り、**

自分が話すときも、英語のまま出てきやすくなります。

　大切なのは日本語訳だけを覚えるのではなく、なにかが起きている状況から、モノやコト、行動のイメージも英語と一緒に脳に刻み込むように意識して覚えることなのです。

同じ内容の動画を「日本語」と「英語」の両方で見る

Watch videos with the same content in both Japanese and English.

　同じ内容の動画を日本語と英語、両方で見るのがオススメです。再三触れているようにボクのYouTubeチャンネルも、日本語と英語の字幕がついています。

　最初は、日本語の字幕を見て内容を理解する。次に、英語の字幕を見ながら単語を確認、そして最後に字幕なしで見て、英語と映像のシーンをリンクさせて覚えるのです。

　YouTubeチャンネルによっては、日本語と英語、両方で同じ内容を配信しているチャンネルがあります。

　たとえば、ボクもよく見ているのが、投資家であり起業家でもある高橋ダンさんのYouTube「**Dan Takahashi-Post Prime**」です。同じ内容で日本語と英語バージョンがあることが多いため、先に日本語の動画を見てから、同じ内容の英語の動画を見ると、内容がとても理解しやすいです。

　また自分の関心がある分野を英語で配信しているチャンネルであれば、モチベーションも保てるはずです。

　127〜128ページで触れましたが、YouTube「**バイリンガール英会話**」は、子育てや旅を中心とした動画を、日本語と英語の字幕つ

きで多く配信しています。YouTube「**Rupa sensei**」では、海外アニメやドラマを題材にして英語を解説しています。

YouTube「**StudyInネイティブ英会話**」では、通常の動画以外にも、ショート動画で間違いやすい単語やわかりにくい単語について解説しています。

ネットフリックスなどで好きな映画を英語版と日本語版で見たり、これまで何度も見て熟知している映画をあえて英語の音声のみ、もしくは英語の音声と英語字幕付きで見るのも効果的です。

こうして楽しく見ることができるコンテンツを見つけ、英語を日常生活に落とし込みます。

そのうえで、英会話というアウトプットも続けていけば、英語を英語で理解する力が着実についていきます。

●日本語と英語を別々の動画で見比べるのにオススメのYouTubeチャンネル（とくに投資に興味のある人向けでチャンネル登録者数は2022年12月現在）

「**Dan Takahashi – PostPrime**」（**日本語版**）

チャンネル登録者数 59万人

https://www.youtube.com/@DenTakahashi1

「**Dan Takahashi**」（**英語版**）

チャンネル登録者数 15万人

https://www.youtube.com/channel/UCvWYxYwyl0gUIqG3Zu0dRUw

「英語を学べる　僕の英語チャンネル」とうたっており、投資家・高橋ダンさんによる投資情報を得られる

さらに関係を深める！
くり返し使える鉄板のキラーフレーズ

Killer phrases that can be used over and over again.

では、このPartの最後に、友人、恋人、そして職場で、さらに人間関係を深めるためのキラーフレーズをご紹介しましょう！

自分の状況に合わせて単語を入れ替えるなどして、活用してください。

●【初級編】

for elementary level

初　級

中　級

上　級

●友人

What time do you want to meet up?

（待ち合わせ、何時にする？）

I'll buy you a drink. It's on me.（ドリンク買うよ。ボクのおごり）

Let's have a BBQ this weekend.（週末にバーベキューしようよ）

Sorry! I'm gonna be ten minutes late.（ゴメン！ 10分遅れる）

●恋人

Can we see each other more often?

（もっと頻繁に会えるかな？）

You always look great.（いつもきれいだね）

Let's go eat something nice.（美味しいもの食べに行こうよ）

Where do you want to go this weekend?

（今週末はどこに行きたい？）

168

PART
1
英会話は
"コミュ力"が9割

PART
2
締め切りができなくても大丈夫
ますは"話す力"

PART
3
英会話が苦手な人がハマり
がちな　英語のワナトップ5

PART
4
英語偏差値38からの
"すごい英語勉強法"

PART
5
英会話上達は
「インプット3割：アウトプット7割」

●職場

Could you help me with this job please?
（この仕事手伝ってもらえますか？）

Could you do me a favor?（頼みごとしてもいい？）

When is the deadline?（この仕事の締め切りはいつですか？）

Do you have a minute?（お時間よろしいですか？）

●【中級編】

for intermediate level

初　級

  中　級

上　級

●友人

I've got something that I want to talk to you about.
（話したいことがある）

Maybe you should rethink about going out with her.
（あの子とつき合うの、考えたほうがいいんじゃない？）

Just do what you want to do.
（自分のやりたいことをやればいいよ）

You're having trouble with your boyfriend.
（彼氏のことで悩んでるんだよね）

●恋人

I'd like to think about our future together.
（一緒に将来のこと、考えたいんだけど？）

What kind of life do you want in the future?
（将来どんな生活していたい？）

How many kids do you want?（子どもは何人ほしい？）

Where do you want to have our wedding?
（結婚式はどこであげたい？）

●職場

Will you be able to attend the meeting?

（ミーティングに出席してもらえますか？）

Let's grab lunch together.（一緒に昼食とりましょう）

Leave it with me.（私に任せて）

How can you get it done so quickly?

（どうしたら、そんなに早く終わらせられるの？）

Concentrate so that you don't have to work overtime.

（残業しなくて済むように、集中する）

●【上級編】

for advanced level

初　級

中　級

上　級

●友人

I'm a vegan so please don't order anything with meat in it.

（菜食主義者だから肉が入ったものは注文しないで）

You don't have to mask your opinion when you talk to me.

（ボクと話すときは自分の意見を隠さなくていいよ）

If you can't make the meeting time, call me.

（待ち合わせ時刻に間に合わないときは連絡して）

●恋人

Don't leave your clothes on the floor.

（服を床に置きっぱなしにしないで）

Don't talk to me like that.（私にそういう話し方をしないで）

I'd be happy to help you do the dishes.

（お皿を洗うのを喜んでお手伝いします）

●職場

Make sure your desk is always tidy.

（デスクは常に整頓しておいて）

Would you mind my talking to Mr. John?

（ジョンさんと話をしていいですか？）

I'm going to deal with it.（それは私が対処します）

こういうのが自然、 ネイティブライクな言葉とは？

Nativelike expressions.

　アウトプットをするときに使える、ネイティブライクなカッコいい表現をいくつか紹介しましょう。

　最近までボクは、「正直にいうと」というのを、「honestly」を使っていました。でも、まわりのネイティブたちは、どうやら「to be honest」とよくいっている。

　そう気づいたときから、「honestly」 ➡ 「to be honest」にかえました。

　ほかにも、ネイティブライク表現には、こんな例があります。

●お礼をいうとき、「Thank you.」（ありがとう）ばかりでなく「I appreciate it.」（感謝してるよ）

●逆に「Thank you.」といわれたとき、「You're welcome.」（どういたしまして）ばかりではなく、「No worries.」（どういたしまして、気にしないで）

●スモールトークの終わりにいう「Have a nice day!」（よい

1日を！）は、午前中くらいしか使えないけれど、「Have a good one.」（またね、素敵な1日を）だと、夜でも、どの場面でも使える

●相手の話を聞いて、「Really?」（ホント？　そうなんだ？）ばかり使うのではなく、「Oh yeah?」（そうなの？）などを使うのもあり。または「Are you serious?」（マジかよ）

●なにか食べるのを「eat ~」、飲むのを「drink ~」ではなく、「grab some food」（食事をする）、「grab some drinks」（飲み物を買う、飲みに行く）というほうが自然

●省略形「gonna」「wanna」「gotta」
➡ よく使われる表現を省略したいい方に、「gonna」「wanna」「gotta」があります。

●gonna〜（going toを省略したもの）
「gonna」は、「going to~」の省略で「〜するつもり、〜する予定」を意味します。

What are you gonna do now?（これから、どうするの？）
I'm gonna grab some food.（なにか食べる）

●wanna〜（want toを省略したもの）
「wanna」は「want to~」の省略で「〜がほしい、〜したい」を意味します。

Do you wanna beer?（ビール、いる？）
＊want a も wanna に会話では変化可能。
I wanna go to beach.（ビーチに行きたい）

172

●gotta〜（have to〔got to〕を省略したもの）

「gotta」は、「have to~」「got to~」の省略で「〜しなければならない」を意味します。

I gotta go now.（もう、行かなきゃ）

You gotta clean up your room now.（いますぐ部屋、片づけて）

PART
1
英会話は〝コミュ力〟が9割

PART
2
読み書きができなくても大丈夫　まずは〝話す力〟

PART
3
英会話が苦手な人がハマりがちな〝英語のワナ〟トップ5

PART
4
英語偏差値38からの〝すごい英語勉強法〟

PART
5
英会話上達は「インプット3割：アウトプット7割」

日本語の「ウザい」「キモい」は こう表現する

Japanese words "uzai" and "kimoi" can be expressed like this in English.

　学校では学ぶことはない、ネイティブが使う日常的な表現はたくさんあります。アウトプットをするときに、ひと言でもいいのでとり入れてみると「おっ、コイツやるな」みたいに場がなごみ、相手との距離が縮まるでしょう。

●Cheers!（ありがとう！）

➡「乾杯」という意味の「cheers」ですが、フレンドリーな表現で「ありがとう！」という意味でも使われます。

I brought your jacket with me because it's gonna be cold tonight.（今夜寒くなるからあなたのジャケット持ってきたわよ）

Oh, cheers!（あーありがとう！）

　また、カフェやスーパーでお釣りをもらい「Here's your change.（お釣りです）」といわれたら「Cheers!（ありがとう！）」というなどです。

●Got it. / I got it.（わかった）

➡相手がいったことを「理解した」という意味でよく使われます。

　たとえば、約束の確認で「We'll meet tomorrow at 8.（明日、8時ね）」といわれたら「Got it.（わかった）」などです。

Please send the email to all of your clients.（あなたの顧客全員にそのメールを送信してちょうだい）

I got it.（わかりました）

●Annoying!（ウザい！）

➡イライラさせる、うるさいといった意味での「ウザい」は「annoying」です。

He is so annoying.（アイツ、マジでウザい）

➡めんどくさい、うっとうしいといった「ウザい」は「bothering」といいます。

Am I bothering you?（私、ウザいこといってる？）

●Disgusting!（キモい！）

➡マズイもの、臭いものや、不愉快にさせる人などに対しての「キモい」は「disgusting」です。

We often eat raw fish.（魚、ナマでよく食べるよ）

That's disgusting.（キモい）

●Seriously?（マジで？）

➡「本気で」「真剣に」という意味の「seriously」ですが、相手の発言に対して「マジで？」と答えるときにも使います。

No way! I don't believe that you won the lotto.

（ありえない！　宝くじに当たったとか信じられないよ）

Seriously?（マジで？）

➡また、話を、「Like seriously,」（マジな話さ）ではじめることで、これから大事な話をすると伝えることもできます。

●rubbish（よくない、くだらない）

➡本来は「ごみ」という意味の「rubbish」ですが、「くだらない、つまらない」という意味でも使われます。

Did you like the movie?（映画、おもしろかった？）

No, it was rubbish.（ぜんぜん、つまらなかった）

●Why not?（もちろん！）

➡相手の話に対して「なんでそれやらないの？」という意味で「Why not?」ということもありますが、人からの提案や誘いに対し、前向きに「OK」と答えるときによく使われます。

Let's go for a drink tonight.（今晩、飲みに行こうよ）
Sure, why not?（いいね、もちろん！）

●How come?（なんで？）

➡「なぜ？」を表すのに「Why?」がありますが、「How come?」は「Why?」よりもカジュアルな場面で、とくに、なにかに驚いたときなどに使われます。

How come you speak English so well?
（なんでそんなに英語がうまいの？）

How come you didn't show up last night?
（なんで昨日の夜、こなかったの？）

●Take it easy.（〔別れ際に〕じゃあね）

➡「Take it easy.」には「のんびりする」「気楽に」「リラックスして」などの意味があり、

I need to take it easy for a while.
（しばらくゆっくりする必要がある）

　のように使われたり、

Take it easy. You'll be all right.（気楽にやりなよ。うまくいくよ）

　のように励ますときに使われたりします。

　ただ、別れ際に「Take it easy.」というときは、「See you.」「Take care.」などと同じように「じゃあね」「またね」のような軽い意味で使われることが多いです。

偏差値38から
英語のテストで高得点！

Jump up from 38 deviation to a high score on the English test!

ボクのようにbe動詞さえわからない状態からのスタートだと、中学レベルの英単語や英文法を覚える時期は、つらいかもしれません。

そんなときでも、ボクのYouTubeチャンネルなど、楽しみながら続けられるものを見つけてみてください。実際、「**タロリックのチャンネルを見続けていたら、かなり英語を理解できるようになりました！**（I kept watching your channel for a couple of months and now I can understand a lot!)」とコメントをくださる方も少なくありません。

ボクの経験からいえることですが、「**楽しい**」「**うれしい**」といった**ポジティブな感情と英会話をセットにすれば、上達は早まります。**

世界史の授業で学ぶ重要人物たちの名前や功績は暗記できなくても、自分の好きなスポーツ選手やアイドルグループのメンバーなら、こと細かなことまですぐに覚えられます。その違いは、「楽しい」「うれしい」というポジティブな感情の有無だと思うのです。

MySpaceやSkype、毎週金曜日のアニメ映画の鑑賞会などを楽しみながら、英会話力に磨きをかけていった結果、翌年のセンター試験では、**英語で200点満点中160点、リスニングで50点満点中48点**を叩き出し、希望校の神田外語大学に入学することができたのです。

be動詞もわからなかった状態から1年間で、そこまで英語力を伸ばせたのは、ボクの人生において、とても大きな出来事でした。

ただし、大学に入学したからといって、それがゴールではなく、むしろスタート。大学生になってからは、アルバイトをしながらお金を貯め、半年に1度は海外にバックパックを背負って旅行に出かけ、**海外の文化を感じながら英会話力に磨きをかける**ようにしたのです。

誰でも"可能性無限大"

Possibilities are endless for anyone.

好きなことなら苦労は苦労と感じない

If you love what you do, hard work doesn't feel like hard work.

　ボクはいまでこそ英語を駆使してYouTubeで外国人へのインタビュー動画を配信するなど、華やかな面が目につくかもしれません。

　しかし、偏差値38の大学の受験に失敗したあと、浪人生活。大学を卒業し、日本での会社員生活をへてオーストラリアに住みはじめてからも、しばらくは、英語学習とコミュニケーションに関しては苦労の連続でした。

　ボクの苦労のはじまりは、「偏差値38の大学なんて受かるだろう」と、軽く考えていた受験に失敗したときです。将来への道が絶たれ目の前が真っ暗になりました。

　「好きなことしかやらない人に、勉強するお金は出せない」と親に見捨てられ、それでも100回くらい頭を下げ、やっとのことで浪人生活を送れるようになったのです。

　それから塾の費用を捻出するため、ガソリンスタンドで週3日アルバイトをしながらの浪人生活です。

　しかも、学力が高い人たちのなかで、1人だけ英語偏差値38以下からスタートしたのです。

　浪人時代、外国人などほぼ見かけない田舎町で、ネイティブスピーカーと知り合いになり、英語の人気アニメ『サウスパーク』（いま考えると、国や社会、著名人への皮肉たっぷりな内容で若干過激）を見る会に誘ってもらいました。でも、最初のうちは、2時間のうち1時間47分は、話していることもほとんど聞きとれないまま、覚えたての「Oh, yeah.」「Really?」と適当に相づちをうちながら、愛想笑い……顔は引きつっていたはずです。

　そんなこんなで、背水の陣で必死に勉強して、1年間で英語の学力を一気に伸ばし、神田外語大学に入学。

　でも、外国語を専門に学ぶ大学生だったにもかかわらず、バックパッカーとして海外のホステルを泊まり歩いていたときだって、最初はアイコンタクトやスモールトークもまともにできませんでした。

　楽しそうに交流しているほかの若い旅行者を横目に、ボク1人だけベッドのうえで、スマホの画面を眺めていたこともありました。

　大学を卒業して某企業に就職。少しの間、会社員を経験したのですが、海外で生活したいという夢を捨てきれず、ワーキングホリデーの制度を利用してオーストラリアへ旅立ちます。

　建築現場で働いてみては、ネイティブの超高速英語がまったく理解できず、アイルランド人の親方にあきれられ、「Japanese mother fucker.（クソ日本人野郎）」とののしられまくりました。シドニーの高級家具のショールームで働いたときも、ニュージーランド人の直属のスーパーバイザー・デイビッドが話す英語の指示が理解できず、これ見よがしに5000回はため息をつかれました。

　それでもボクは、あきらめて日本人同士でつるむより、英語の環境に身を置くことを選んできたのです。

　それは、なによりも、少しですが英語を話せるようになって広がった世界を楽しみたかったからでした。

英語学習のモチベーションを
維持するためには？
How do I stay motivated to learn English?

　英語偏差値38以下からスタートしたボクは、「どうやって英語学習のモチベーションを維持してきたんですか？（How have you stay motivated to learn English?）」とよく聞かれます。

「英語が話せるようになりたい！（I wanna speak English!）」と思う人の目的はさまざまです。

　TOEICテストなどの得点をアップしたい人、仕事で英語を使わなければならない人、海外旅行でショッピングするのに困らないようにしたい人、バーで外国人と楽しく話したい人——たとえ、どんな目的を持っているとしても、英会話上達のモチベーションを維持するコツは変わりません。

　ほとんどの日本人は、学校や受験のペーパーテストでの得点をアップすることを目的とした英語学習しかしてきていません。つまり、サッカーでいえば、パスやシュートのやり方を机上で学んだだけ。

　それだけで実際に試合に出て、パスをまわし、シュートを決めて、敵チームに勝てるかといえば、それはムリでしょう。

　そんな状態で、やみくもに試合に出ても、負け続けてモチベーションはダダ下がり。だからこそ、「英会話を最短で上達させる方法」に食らいつくことが重要なのです。

　ボクが、英語の偏差値38以下だった状態から、複雑なトピックについてインタビューできるようになった経験をまとめた「効率的に英会話力を身につけるノウハウ」を詰め込んだ本書を、ぜひくり返し活用してください。

まずは3か月、本書のメソッドを続けてみてください。

ほとんどの人は、中学レベルの英単語と英文法は、もう一度やり直すにしても、短期間で身につけられるはず。

同時に、テンプレートを使ったり、SNSなどで場を見つけてアウトプットすることを意識していくことで、「3か月前にはわからなかったことがわかるようになった（Now I know what I didn't know 3 months ago.）」「恥ずかしがらずにスモールトークできるようになった（Now I can have a small talk without being shy.）」など、進歩を感じられるときがくるでしょう。

変化が感じられれば、モチベーションを維持するのはむずかしくありません。

そして、ほんのささいなことでも日常生活にとり入れて、習慣化してほしい。自然と英語のコンテンツを見たり、SNSにコメントしたりするようになれば、やる気に左右されることなく、淡々と続けていけるでしょう。

また、小さな成功体験を自分で見つけて、進歩を実感することもモチベーションを維持するのに非常に役立つはずです。

英会話力が向上すれば、異なるカルチャーを持つ人たちと話すのが楽しみになります。そうしてどんどん世界が広がり、1人ひとりが持つ可能性は無限に広がります。

英語が話せるようになったからといって、必ずしも海外に行く必要はありません。日本に住みながら、英語によって人生の可能性を広げるのもいいでしょう。

英語を話せれば人生の可能性は広がる

Once you have learned English, your horizon expands.

　ボクの経験からすると、短期の語学留学でも、ワーキングホリデーを使った長期滞在でも、「海外に行かなければよかった（I regretted coming abroad.）」と後悔している人を見たことがありません。

　ただし、事前に十分な英語力を身につけていないと「友だちができない（can't make friends）」「思ったような生活ができない（can't enjoy life）」と壁にぶつかる可能性は必然的に高くなります。

　どうせ海外に行くなら、現地での生活の質を高めるためにも、本書を使ってある程度の英語力を高めておきたいところです。

　そうすれば、思ってもみなかった新たな可能性が広がっていくでしょう。

　多くの人が、海外に出かけるのをためらうのは、もしかしたら、「あらかじめ決められたレールから外れてしまうと、二度とまっとうな人生を送れない」と考えるからかもしれません。

　でもいまの時代、決められたレールの上を歩み続ければ安泰ということはありません。それと同時に、自分のやりたいことをやりながら、好きに生きられる時代でもあります。

　必ずしも、みんなと同じレールに乗る必要はないのです。

　また、たとえレールに沿って人生を歩んだとしても、つらいこと、苦しいことは山のようにあります。

　同じように乗り越えなければならない課題に直面するのであれば、好きなことをやり続けるための困難のほうがよほどいいとボクは考えます。

　そしてボクは「海外で暮らす」という自分の夢のために、のの

しられたり怒られたりしながらも、ひたすら、英語を話してミスを
する環境に身を置いてきたのです。

いつも自分の動画でもお伝えしていますが、「英語」というたった
1つのツールを手に入れるだけで、人生の可能性は無限に広がりま
す。この本が、1人でも多くの人の可能性を広げる助けになれば、こ
れほどうれしいことはありません。

英会話ができれば、誰でも "可能性無限大"
If you can speak English, your possibilities are endless!

2023年1月

オーストラリア・シドニーより
TAROSAC (タロサック)

YouTube「タロサックの海外生活ダイアリーTAROSAC」
https://www.youtube.com/channel/UCN8IoQLjmcoPzY_kLg7cg7g

TAROSAC ENGLISH
https://tarosac.com/english/

オーストラリアSIM付き
ワーキングホリデーガイド×TAROSAC English
https://tarosac.com/english/australia/

［著者］

タロサック （TAROSAC）

1990年新潟県のド田舎生まれ。本名・高橋優太郎。大学入試で偏差値38の2つの大学の学部を受験するも不合格。英語はbe動詞もきちんと理解していなかった状態から、浪人生活を経て大学合格。偏差値38以下から独自の勉強法で英語を流ちょうにしゃべれるまでになる。卒業後、大手不動産会社の営業マンとして働くも半年で退社。幼い頃からの夢であった海外移住のため、2015年渡豪。現在、シドニー在住。

バカでも英語がペラペラ！ 超★勉強法
――「偏差値38」からの英会話上達メソッド

2023年 1 月17日　第 1 刷発行
2023年 1 月31日　第 3 刷発行

著　者――タロサック （TAROSAC）
発行所――ダイヤモンド社
　　　　　〒150-8409　東京都渋谷区神宮前 6 - 12 - 17
　　　　　https://www.diamond.co.jp/
　　　　　電話／03·5778·7233 （編集）　03·5778·7240 （販売）

ブックデザイン―金井久幸 （TwoThree）
編集協力――塩尻朋子
イラスト――師岡とおる （カバー・トビラ）、YAGI （本文）
校正―――三森由紀子、野口眞弓
製作進行――ダイヤモンド・グラフィック社
印刷／製本―三松堂
編集担当――斎藤順

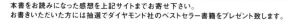

本書の感想募集 http://diamond.jp/list/books/review
本書をお読みになった感想を上記サイトまでお寄せ下さい。
お書きいただいた方には抽選でダイヤモンド社のベストセラー書籍をプレゼント致します。